소프트웨어 제품라인 개발 입문

Introduction to Software Product Line Development

강성원 • 이지현 • 한영훈 • 정필수 지음

도서출판 홍릉

소프트웨어 제품라인 개발 입문

Introduction to Software Product Line Development

2021년 11월 26일 초판 인쇄
2021년 11월 30일 초판 발행

저 자: 강성원, 이지현, 한영훈, 정필수
발행인: 송 준
발행처: 도서출판 홍릉
주 소: 01093 서울시 강북구 인수봉로 50길 10

등 록: 1976년 10월 21일 제5-66호

전 화: 02-999-2274~5, 903-7037
팩 스: 02-905-6729
e-mail: hongpub@hongpub.co.kr
http://www.hongpub.co.kr
ISBN: 979-11-5600-884-2(93000)

정 가: 19,000원

머리말

최근 많은 소프트웨어 개발 회사들은 소프트웨어 제품라인 개발(Software Product Line Development: SPLD)이 그들의 미래의 성공을 결정지을 핵심적인 소프트웨어 개발 기술이라고 보고 있다. 미국과 유럽의 선진 소프트웨어 회사들은 오래 전에 SPLD 기술의 중요성을 알고 적극적으로 이를 적용하여 왔다. 반면에 우리나라 소프트웨어 회사들은 대부분이 아직 SPLD를 본격적으로 사용하지 못하고 있는 실정이다.

다행히 미국 카네기멜론 대학교의 Software Engineering Institute(SEI)에서는 "소프트웨어 제품라인 실무 프레임워크(A Framework for Software Product Line Practice)[SEI Framework 5.0 12]"를 만들어 SPLD의 소프트웨어 제품라인 실무 분야들에 대한 설명을 제공하고 있어 SPLD 사용자들에게 큰 도움을 주어 왔다. 그러나 이 프레임워크는 백과사전적인 방식으로SPLD의 관련 정보를 제공하고 있어서 정작 사용자가 SPLD를 시작하고 진행하는 데에는 그다지 유용하지 못하다. 이런 문제점을 보완해 줄 수 있는 자료로 한국소프트웨어진흥원에서 2009년도에 발간한 "소프트웨어 재사용을 기반으로 한 소프트웨어 제품라인 공학기술 적용 가이드[KIPA 09]"가 있다. 그러나 이 가이드는 SPLD의 핵심기술이라고 할 수 있는 가변성 모델링과 가변성 관리에 있어서, 피처모델이라는 제한적인 방법을 사용하고 있어서 사용자가 이를 이용하여 개발 생명주기 전체에 거쳐 발생할 수 있는 가변성을 체계적으로 다루는데 큰 도움이 되지 못하며, 가변점과 가변값의 개념을

SPLD 의 중심개념으로 사용하지 않기 때문에 SPLD가 가진 잠재적 혜택을 충분히 이용하게 하는데 한계를 가진다.

저자들은 여러 해에 걸쳐 SPLD에 관한 연구를 수행해 오며, SPLD를 체계적인 이론적 기반 위에 올려 놓고자 노력해 왔다. 그러한 노력의 한 결과로 이 책의 첫 번째 저자는 "체계적인 소프트웨어 제품라인 개발[강성원 17]"를 출간하였다. 그러나 "체계적인 소프트웨어 제품라인 개발"은 SPLD의 이론적 체계를 제공하여 SPLD의 근본원리를 이해하는데 도움을 주지만, SPLD의 개발자들이 부딪힐 수 있는 문제들에 대해 어떤 해법이 있는지를 일일이 기술하지 않는다. 이러한 이유로 인하여 현재로서는 SPLD를 도입하여 개발하고 운영하는데 편리하게 도움을 줄 수 있는 적절한 자료가 없는 상황이다.

저자들은 SPLD가 성공적으로 활용되기 위해서는, 개발자들이 SPLD 개발과정에 겪게 되는 어려움들을 덜어줄 수 있는 가이드가 반드시 필요하다고 생각한다. SEI도 비슷한 의도에서 소프트웨어 제품라인 실무 프레임워크를 만들었다고 볼 수 있다. 따라서 저자들은 "체계적인 소프트웨어 제품라인 개발[강성원 17]"과 일관되면서 개발자가 SPLD를 더 쉽게 이해하고 잘 사용할 수 있도록 도움을 줄 목적으로 "소프트웨어 제품라인 개발 입문"을 쓰게 되었다.

이 책은 SPLD를 처음 접하는 독자가 SPLD가 무엇이지 알 수 있도록 그 기술의 개요를 소개하고 체계적인 SPLD 이론의 기본적인 내용을 설명한다. 이러한 내용을 제공하기 위해서 이 책은 다음 3 부로 구성된다:

제 I부 소프트웨어 제품라인 개발의 개요

제 II부 SPLD의 기법들

제 III부 SPLD 개발 예제

제 I부는 SPLD 개발에 관한 개요로, 먼저 SPLD의 정의, SPLD 개발의 기본 요소, SPLD 공정에 대한 설명을 통하여 SPLD에 대한 기본적인 이해를 제공한다. 제 II부는 SPLD의 도입과 운영을 탐색, 도입, 플랫폼 개발, 제품 개발, 개선의 다섯 단계로 나누어, SPLD를 구별 지어주는 특징적인 요소로서 가변성의 모델링 및 관리를 포함하여 각 단계에서 SPLD의 개발자가 사용할 수 있는 기본적인 기법들을 소개한다. 제 III부에서는 SPLD 개발 예제들을 보이고, 이를 통하여 제 II부에서 소개된 여러 기법들이 적용되는 예를 보인다.

감사의 말씀

책의 초고를 검토하여 여러 개선점을 제시해준 KAIST 안휘, 고영지, 김진솔씨와 전북대학교 김태영씨, 그리고 이 책의 편집을 위해 애써주신 도서출판 홍릉의 박찬혁 실장님께 감사드린다.

책을 읽는 방법

- 책의 제목, 정의되는 용어, 가변성을 나타내는 부분은 이탤릭으로 표기한다.
- [홍길동 nn]: "홍길동"은 참고자료의 첫 번째 저자의 이름이고 "nn"은 출간 연도를 나타낸다.
- 공정을 나타내는 그림에 다음의 기호들을 사용한다:

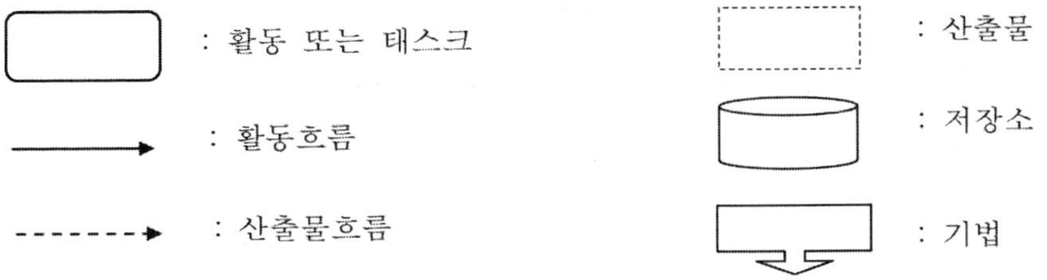

- 이 책의 제 II부에서 소개되는 각 기법들은 Id를 갖는데, 각 Id는 기법임을 알 수 있도록 'T_'로 시작한다. 그리고 이 책에서는SPLD 도입 운영 절차를 다음의 단계들로 나누는데,

탐색(EXploration)

도입(ADoption)

플랫폼 개발(PLatform development)
제품 개발(PRoduct development)
개선(IMprovement)

제 II부에서 소개되는 각 기법이 어느 단계를 위한 기법임을 알 수 있도록 Id에 'EX_', 'AD_', 'PL_', 'PR_' 또는 'IM_'를 붙인다. 그리고 여러개의 세부활동을 갖고 있는 단계의 경우 다음과 같이 기호를 붙여 해당 세부활동을 명시한다:

S - 제품라인 범위결정(Product Line Scoping)
R - 요구공학(Requirements Engineering)
A - 아키텍처 설계(Architecture Design)
I - 실현(Realization)
T - 시험(Testing)

가변성 모델링 도구

이 책에서 설명하는 바와 같이 소프트웨어 제품라인 개발을 위하여 소프트웨어 제품라인 개발 공정의 여러 단계에서 가변성 모델을 구축해야 할 수 있다. 이러한 용도로 저자들이 개발한 가변성 모델링 도구인 SVM(Systematic Variability Modeler)를 사용할 수 있다. SVM은 다음 URL에서 다운로드 받을 수 있다.

http://salab.kaist.ac.kr

차례

제 I 부

소프트웨어 제품라인 개발의 개요

서로 유사한(similar)[1] 소프트웨어 제품들로 이루어진 소프트웨어 *제품군*(群)을 개발할 때, 전통적인 방법을 따르면 앞서 만든 제품의 코드를 "복사한 뒤 수정(Clone-and-own)"하여 새로운 제품을 만들게 된다. 그러나 이 방법의 큰 문제점은 제품코드가 제품별로 진화하게 되어 여러개의 제품에 대해 동일한 변경이 요구될 경우에도 해당 제품의 관련 부분을 찾아서 일일이 변경 작업을 수행해야 한다는 것이다. 하나의 변경 작업을 제품의 개수만큼 수행하는 것은 매우 큰 노력의 낭비를 가져온다. 또한 유사한 제품코드들이 여러개 존재하게 되어, 결함이 발견될 경우 해당되는 제품의 코드를 일일이 찾아 고쳐야 한다는 문제점도 있다. 제품군 개발에 전통적 방법을 적용하는 기업은 기업의 성장과 더불어 관리해야 하는 제품의 숫자가 늘어나고, 이로 인해 유지보수비용이 급격히 증가하게 되어, 시장경쟁력의 저하라는 치명적인 결과에 직면하게 된다.

제품군의 진화작업을 할 때 같은 변경 작업을 꼭 여러 번 반복해야 하는가? 같은 변경 작업은 단 한 번의 변경으로 해결할 수 있는 방법은 없을까? 이러한 질문이 가리키는 문제점을 해결해 주는 제품군의 개발 방법이 *소프트웨어 제품라인 개발*(Software Product Line Development: SPLD) 방법이다.

이 책의 제 I부는 다음과 같이 구성되어 있다. 제1장에서 SPLD의 기본 개념을 소개하고, 제 2장, 3장, 4장에서는 각각 SPLD를 구성하는 요소들로 SPLD 개발대상이 되는 제품군, SPLD 공정과 SPLD 개발 조직에 대해 설명한다. SPLD가 무엇인지를 파악한 회사의 입장에서는 SPLD를 도입할지에 대한 판단을 하는 것이, SPLD를 도입하기로 결정한 회사는 SPLD의 운영 절차가 중요한 관심사이므로 마지막 제 5장에서는 SPLD의 도입 운영 절차에 대해 설명한다.

---

1. 즉 "충분히 많은 공통 부분을 가진".

제 1 장

SPLD의 기본 개념

제 1장에서는 SPLD의 개요를 한 눈에 파악하기 위해서 먼저 SPLD의 정의를 살펴본다.

1.1 SPLD의 정의

SPLD를 연구한 많은 연구자들이 SPLD의 정의를 내렸다. 그 가운데 대표적인 몇 개의 정의를 보면 다음과 같다.

> "*소프트웨어 제품라인*은 특정한 마켓세그먼트 혹은 미션의 구체적인 니즈를 충족시키고 특정한 방식으로 핵심 자산의 공통집합으로부터 개발된 공통의 관리된 피처집합을 공유하는 소프트웨어-집약적인 시스템들의 집합이다."[Clements 02][2]

> "*소프트웨어 제품라인 공학*은 플랫폼과 대량 고객맞춤을 이용하여 소프트웨어 어플리케이션들을 개발하는 패러다임이다." [Pohl 05][3]

---

2. "A *software product line* is a set of software-intensive systems sharing a common, managed set of features that satisfy the specific needs of a particular market segment or mission and that are developed from a common set of core assets in a specified way." - [Clements 02] p.5.
3. "*Software product line engineering* is a paradigm to develop software applications (software-intensive systems and software products) using platforms and mass customization." - [Pohl 05]p.14.

"*소프트웨어 제품라인 공학*은 소프트웨어 개발을 위한 전략적 접근방법으로, 비즈니스, 조직, 그리고 개발기술 모두에 영향을 미치며, 넓은 범위의 소프트웨어 제품들과 소프트웨어-집약적인 시스템들을 빠르게 낮은 비용으로 개발하면서도 높은 품질의 소프트웨어를 제공할 수 있는 검증된 방법이다." [Linden 07][4]

"소프트웨어 제품라인 공학 은 두 가지 주요한 방식으로 단일 시스템의 개발과 다르다:

1. 도메인 공학과 어플리케이션 공학의 두 개의 구별되는 개발 공정을 가진다. 도메인 공학은 소프트웨어 제품라인의 공통성과 가변성을 정의하고 구현하여, 제품라인 내에서 높은 품질의 어플리케이션을 신속히 개발하는데 사용할 공통 소프트웨어 플랫폼을 구축한다. 어플리케이션 공학은 라인의 가변성을 이용하여 특정 어플리케이션을 도출한다.
2. 가변성을 명시적으로 정의하고 관리할 필요가 있다. 가변성은 도메인 공학 단계에 요구사항, 아키텍처 모델, 컴포넌트, 그리고 시험 항목과 같은 모든 도메인 산출물들에 들어가서, 어플리케이션 공학 단계에 상이한 고객들의 니즈에 맞추어진 어플리케이션들을 도출하기 위하여 이용된다." [Käkölä 06][5]

---

4. "*Software product line engineering* is a strategic approach to developing software. It impacts business, organisation and technology alike and is a proven way to develop a large range of software products and software-intensive systems fast and at low costs, while at the same time delivering high-quality software." - [Linden 07]p.vii.
5. "*Software product line engineering* differs from single system development in two primary ways:
   (1) It needs two distinct development processes: domain engineering and application engineering. Domain engineering defines and realizes the commonality and variability of the software product line, thus establishing the common software platform for developing high-quality application rapidly within the line. Application engineering derives specific applications by exploiting the variability of the line.
   (2) It needs to explicitly define and manage variability. During domain engineering, variability is introduced in all domain artifacts such as requirements, architectural models, components, and test cases. It is exploited during application engineering to derive applications tailored to the needs of different customers." - [Käkölä 06]p.xiii.

> "소프트웨어 및 시스템 제품라인 공학 및 관리는 저비용, 짧은 시장 출시 시간으로 고품질의 제품 패밀리를 개발하기 위한 공통 플랫폼을 생성, 활용, 관리하는 활동이다." [ISO26550 15][6]

이러한 정의들을 검토해 보면 제품군의 개발에 있어서 SPLD는 기존의 개발방법과 방법적인 면과 효과적인 면에서 다르다는 것을 알 수 있다. 먼저 방법적인 면에서는 "상이한 고객들의 니즈에 맞추어진," "플랫폼과 대량 고객맞춤(mass customization)을 이용," "핵심 자산으로부터 개발," "도메인 공학과 어플리케이션 공학의 두 개의 개발 공정," "공통성과 가변성을 정의," "가변성을 명시적으로 정의하고 관리" 등의 특징을 언급하고 있다. 효과 측면에서는 "대량 고객맞춤," "저비용," "높은 품질," "신속한 개발" 등의 특징을 언급하고 있다.

제품군의 두 개 이상의 제품을 만드는데 사용되는 제품라인의 소프트웨어 산출물을 *핵심 자산*(core asset)이라고 부르는데, SPLD는 제품라인 계획에 따라 제품 개발에 앞서서 핵심 자산들을 만든 뒤 이를 활용하여 제품을 개발하는 제품군 개발 접근방법이다. SPLD 정의의 이러한 특징들을 고려하여 SPLD를 다음과 같이 새로이 정의할 수 있다.

---

6. "Software and Systems Product Line (SSPL) engineering and management creates, exploits, and manages a common platform to develop a family of products ... at a lower cost, with reduced time to market, and with better quality." - [ISO26550 15] Introduction section.

정의 1.1-1. (SPLD)

SPLD는 다양한 니즈를 충족시키는 서로 유사성을 갖는 제품군을 개발하기 위하여 그들의 공통성과 가변성을 분석하여 공통성을 최대한 이용함으로써 빠른 시간에 적은 비용으로 높은 품질의 제품들을 개발하게 해주는 개발 방법으로, 전체 개발 공정은 플랫폼 개발 공정[7]과 제품 개발 공정[8]으로 나뉜다. 플랫폼 개발 공정에서는 공통플랫폼을 비롯한 핵심 자산들을 만들고, 제품 개발 공정에서는 이들을 활용하여 개별적인 제품들을 만든다.

SPLD는 공통성을 최대한 이용함으로써 그 적용효과가 나타나기 때문에, SPLD를 적용하기 위해서는 개발대상 제품군이 다음 조건을 충족시켜야 한다.

가정 1.1-1. (공통 부분 충분성 가정[9])

SPLD의 대상이 되는 제품군은 구성 제품들 간의 공통 부분이 충분히 많아서, 공통성과 가변성을 이용하여 개발하는 것이 제품들을 서로 독립적으로 개발하는 것 보다 유리한 제품 집합이다.

1.2 SPLD의 구성 요소

단일 소프트웨어 제품 개발에서의 개발을 위한 주된 요소를 개발 대상인 *제*

---

7. 플랫폼 개발을 [Pohl 05][Käkölä 06]은 도메인 공학으로 불렀으나, 이 책에서는 [강성원 17]의 용어를 따른다.
8. 제품 개발을 [Pohl 05][Käkölä 06]은 어플리케이션 공학으로 불렀다.
9. [Parnas 76] Abstract. 여기서 말하는 "공통 부분"은 제 3장에서 모든 제품들이 공유하는 부분인 공통 부분과 두 개 이상의 제품이 공유하지만 공통 부분이 아닌 부분을 지칭하는 공유 부분으로 명확히 구분된다.

품(product), 개발을 수행하는 *사람*(people), 개발 *공정*(process)로 볼 수 있다.[10] 이러한 시각으로 볼 때 SPLD를 위한 주된 요소를 그림 1.2-1과 같이 *제품군*(product family), 개발 조직, 공정으로 볼 수 있다.

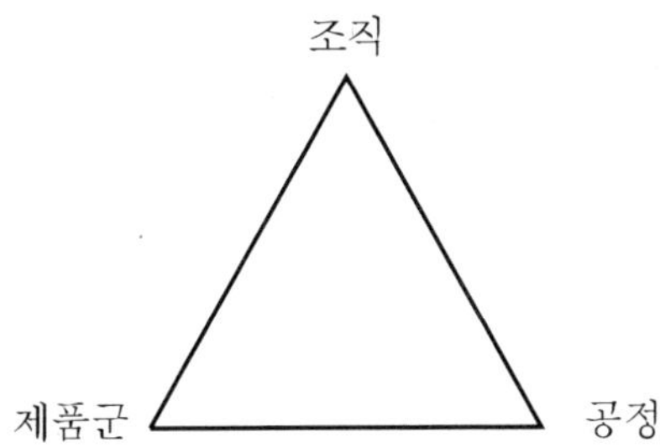

그림 1-2-1. SPLD의 구성요소들

제 I부의 2장, 3장, 4장에서는 SPLD의 대상이 되는 제품군, SPLD 공정, 그리고 SPLD를 위한 개발 조직에 대하여 각각 논의한다. 개발 공정은 다양한 개발 기법들을 포함하는데 공정의 수행에 필요한 개별적인 개발 기법에 대해서는 제 II부에서 논의한다.

앞에서 언급한 제품 개발의 세가지 구성요소들 외에 사업적 측면도 제품 개발에 있어서 빼놓을 수 없는 요소이며, 특히 오래 동안에 걸쳐 사업에 기여할 제품군을 개발하는데 있어서 경제성 분석은 매우 중요한 요소이다.[11]

---

10. [Phillips 95] 참조.
11. 경제성 분석은 제 II부 1장 1.2절에서 논의한다.

제2장

제품군

SPLD에서 제품군은 유사한 제품들의 집합을 말한다. SPLD는 제품군에 속한 제품들의 공통 부분을 찾아내어 이의 중복개발을 회피하는 개발방법이므로, SPLD가 성공적으로 적용되기 위해서는 제품군의 제품들 간에 충분한 공통 부분이 있어야 한다. 제품군에 속할 제품들은 제품라인 범위결정(product line scoping) 활동을 통하여 결정된다. 제품라인 범위결정에 대해서는 제 II부 3장 3.2절에서 자세히 논의된다.

제3장

SPLD 공정

SPLD의 개발공정은 크게 *플랫폼 개발*(혹은 도메인 공학(Domain Engineering))과 *제품 개발*(혹은 어플리케이션 공학(Application Engineering))의 두 단계군으로 나누어진다. SPLD의 개발 과정에 만들어지는 모든 결과물 또는 중간결과물을 *산출물*(artifact)이라고 부르고, 플랫폼 개발의 산출물 중 핵심 자산인 산출물을 *플랫폼 산출물*이라고 부르고 제품 개발의 산출물을 *제품 산출물*이라고 부른다. 제품 개발 단계군은 제품 개발이 실제로 일어나는 단계들이고, 플랫폼 개발 단계군은 제품 개발 단계군에서 제품 개발이 이루어질 때 이용하게 될 산출물들을 준비하는 단계들이다. 제품 개발 단계군에서 제품이 만들어질 때 주로 적용되는 연산(operation) 혹은 처리(processing)는 *인스턴스화*(instantiation) 연산으로 이는, 템플릿의 변수를 구체적인 값으로 대입시켜 주는 연산과 같이, 하나의 템플릿으로부터 여러개의 서로 다른 객체들을 얻을 수 있게 해주는 연산이다. SPLD에서 제품과 제품의 산출물들은 *플랫폼 개발 단계군*의 산출물들로부터 인스턴스화 작업을 통하여 만들어지게 된다.

그림 3-1은 SPLD 공정의 개요를 보여준다. 제품라인 범위결정 단계를 제외하면, 플랫폼 개발 단계군과 제품 개발 단계군은 각각 요구공학, 아키텍처 설계, 실현, 시험의 네 단계로 구성된다. 플랫폼 실현(realization)은 플랫폼 상세 설계와 구현(implementation)으로 이루어진다. 플랫폼 개발 단계군에서 만들어지는 산출물들은 플랫폼 요구사항, 플랫폼 아키텍처 설계,

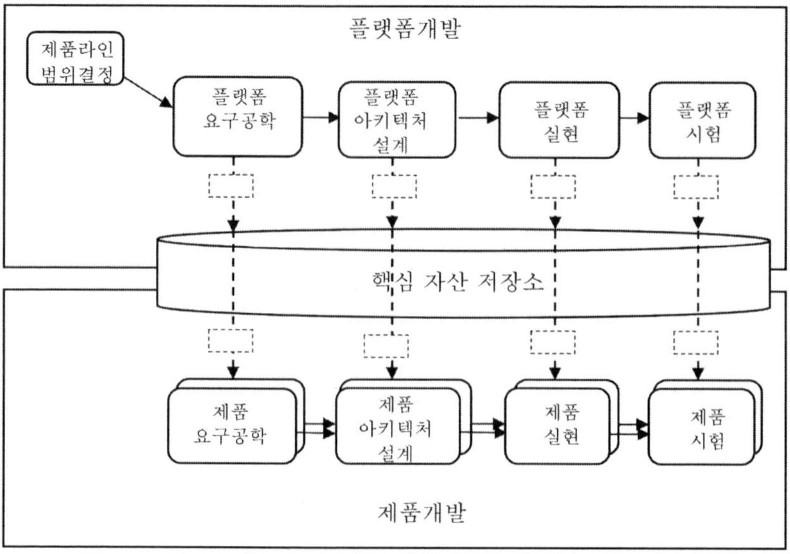

그림 3-1. SPLD 공정의 개요도([Pohl 05]의 제품라인 공정 그림을 일부 수정)

플랫폼 코드, 플랫폼 시험 항목들을 포함한다. 이 산출물들은 핵심 자산 저장소에 저장된 뒤, 제품 개발 단계군에서 각 제품을 만드는데 이용된다.

단일 소프트웨어 제품 개발에서와 달리 SPLD 공정의 진행에 있어서 공정의 모든 단계의 산출물들에서 요구되는 것이 가변성의 모델링과 관리이다. 이 내용에 대해서는 제 II부의 3장 3.1절에서 다룬다.

'제품라인'의 정의에서 나타나듯이 이 책에서는 '제품군'과 '제품라인'을 서로 다른 개념으로 본다. 제품군의 정의에서 출발하여 제품군을 생산할 수 있는 제품라인에 도달하는 데에는 많은 기술과 노력이 동원돼야 한다.

이 책에서 공식적으로 사용되는 용어는 아니지만, 관련 문헌에서 많이 사용되는 용어로 다음 용어들이 있다:

- 제품라인 범위(product line scope) - 제품군을 구성하는 제품들에 대한 기술.[12] [Clements 02]

12. "A description of the products that will constitute the product line."- [Clements 02]p.522.

- 제품 생산계획(production plan) - "제품군의 제품들이 어떻게 제품라인의 핵심 자산으로부터 만들어질지에 대한 가이드."[13] [Clements 02]
- 참조 아키텍처(reference architecture) - "소프트웨어 제품라인의 상위 설계를 담고 있는 핵심 소프트웨어 아키텍처."[14] [Pohl 05]
- 제품라인 아키텍처(product line architecture) - "관련된 시스템의 그룹(즉, 제품군)을 만들기 위한 구조적 속성들의 기술로 보통 컴포넌트와 그들의 상호관계로 이루어진다. 컴포넌트의 사용에 관한 기본적인 가이드라인은 시스템들 사이에 요구되는 가변성을 처리하기 위한 (참조아키텍처로 불리기도 하는) 수단을 포함하여야 한다."[15] [Clements 02]
- 피처(feature) - 최종사용자에게 보이는 시스템의 특징.[16] [Pohl 05]
- 내부가변성(internal variability) - 고객에게 보이지 않는 도메인 산출물의 가변성.[17] [Pohl 05]
- 외부가변성(external variability) - 고객에게 보이는 도메인 산출물의 가변성.[18] [Pohl 05]

위의 용어표와 같이 이 책에서는 '제품라인'과 '제품군'을 서로 구별되는 용어로 사용한다. 위의 관련 문헌에 나오는 용어의 원래의 정의들은 '제품

---

13. "The guide to how products in the software product line will be constructed from the product line' s core assets."- [Clements 02]p.522.
14. "A core software architecture that captures the high-level design of a software product line."- [Pohl 05]p.459.
15. "A description of the structural properties for building a group of related systems (that is, a product line), typically the components and their interrelationships. The inherent guidelines about the use of components must capture the means for handling required variability among the system (sometimes called a reference architecture)."- [Clements 02]p.522.
16. "An end-user visible characteristic of a system."- [Pohl 05]p.458.
17. "The variability of domain artifacts that is hidden from customers."- [Pohl 05]p.458.
18. "The variability of domain artifacts that is visible to customers."- [Pohl 05]p.458.

라인(product line)'이라는 용어가 원래의 정의에 사용된 경우에도 (각주의 영어 원문 참조), 위의 정의의 용어 번역은 이 책의 용법에 맞추어 문맥에 맞게 '제품군'이라는 용어를 사용하였다.

제4장

SPLD 개발 조직[19]

[Bosch 00]은 SPLD 개발 조직의 형태를 다음과 같이 네 가지로 나누었다:

1) 개발 부서(development department) 모델: 하나의 개발 부서가 플랫폼 개발과 제품 개발을 모두 수행한다.
2) 사업 단위부서(business units) 모델: 사업 단위부서별 담당 제품이 있고, 핵심 자산은 사업 단위부서들이 함께 개발한다.
3) 플랫폼 개발 단위부서(domain engineering unit) 모델: 플랫폼 개발 단위부서는 핵심 자산을 만들고, 사업 단위부서 혹은 제품 개발 단위부서는 핵심 자산을 사용하여 제품을 만든다.
4) 계층적 플랫폼 개발 단위부서(hierarchical domain engineering units) 모델: 개발대상이 계층적 제품라인인 경우 계층별로 플랫폼 개발 단위부서들을 둘 수 있다.

아래 제 4.1절부터 4.4절에서는 이들 각 조직형태를 소개한다. 이 절들의 조직도는 다음 기호들을 사용한다.

컴포넌트 가변점은 컴포넌트가 대입[20]되는 가변점을 나타낸다.

---

19. 이 절의 내용은 [Bosch 00]Chapter 14으로부터 가져왔다.
20. '대입'은 가변값이 가변점의 자리에 들어가는 것을 뜻하며, 정확한 정의는 제 II부 3장 3.1절에 나온다.

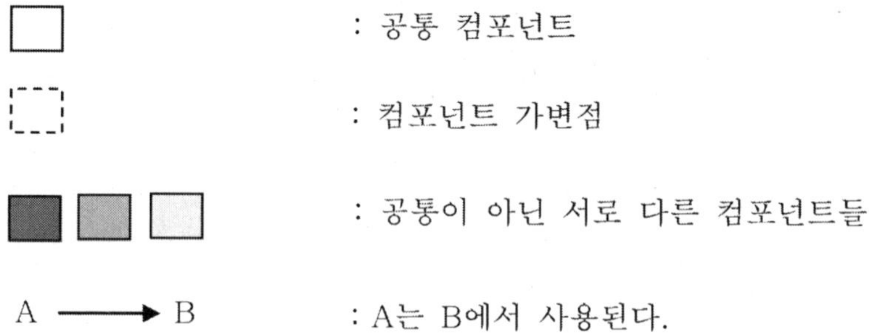

4.1 개발 부서 모델

그림 4.1-1은 개발 부서 조직 모델을 보여준다.

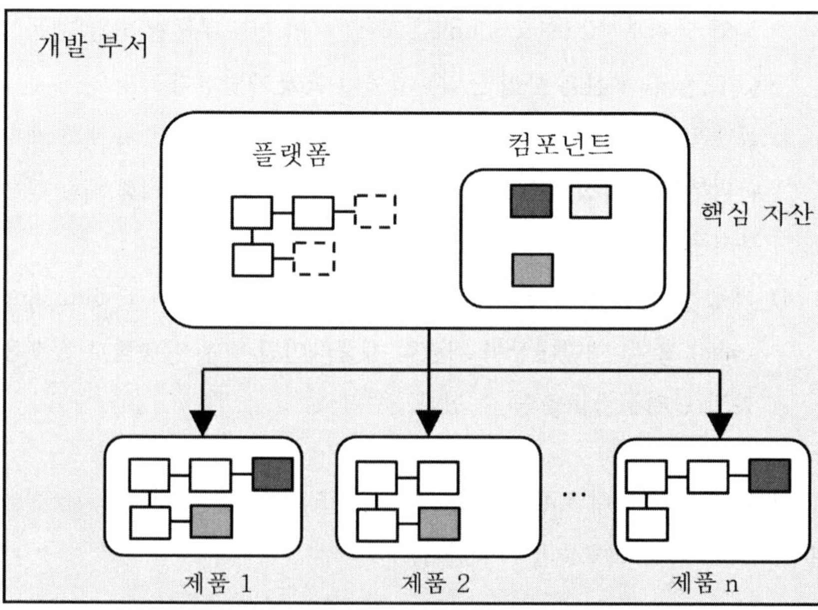

그림 4.1-1. 개발 부서 모델([Bosch 00]Figure 61을 일부 수정)

부서별 역할

하나의 부서가 제품라인 개발을 수행하며, 이 부서의 개발업무는 플랫폼 개발 프로젝트와 제품 개발 프로젝트를 모두 포함한다. 플랫폼 개발 프로젝트에서는 핵심 자산을 만들고, 제품 개발 프로젝트에서는 핵심 자산을 이용하여 제품들을 개발한다.

적정 규모

이 모델은 조직 규모가 30명 이내일 때 적합하다. 조직의 규모가 그 이상이 되면 다른 조직 구성을 채택해야 한다.

장점

(1) 조직구조로 인한 오버헤드나 행정적 오버헤드가 최소화되어, 효율적인 제품라인 개발이 가능하다.
(2) 기존 조직의 변경 없이 제품라인 개발을 수행할 수 있다.

단점

(1) 조직이 규모가 커지기 어렵다. 즉 조직 규모가 커지면 다른 조직 구성으로 변경되어야 한다.
(2) 전문성이 떨어져서 핵심 자산의 품질이 낮아지기 쉽다.

4.2 사업 단위부서 모델

그림 4.2-1은 사업 단위부서 조직 모델을 보여준다.

부서별 역할

각 사업 단위부서는 하나 혹은 소수의 제품 개발을 책임진다. 핵심 자산의 개발/진화는 플랫폼 개발 프로젝트로 수행되어 사업 단위부서들이 같이 수행한다. 핵심 자산의 진화는 성숙도에 따라 임의개발 모델(unconstrained model), 자산책임자 모델(asset responsibles model)과 혼합책임 모델(mixed

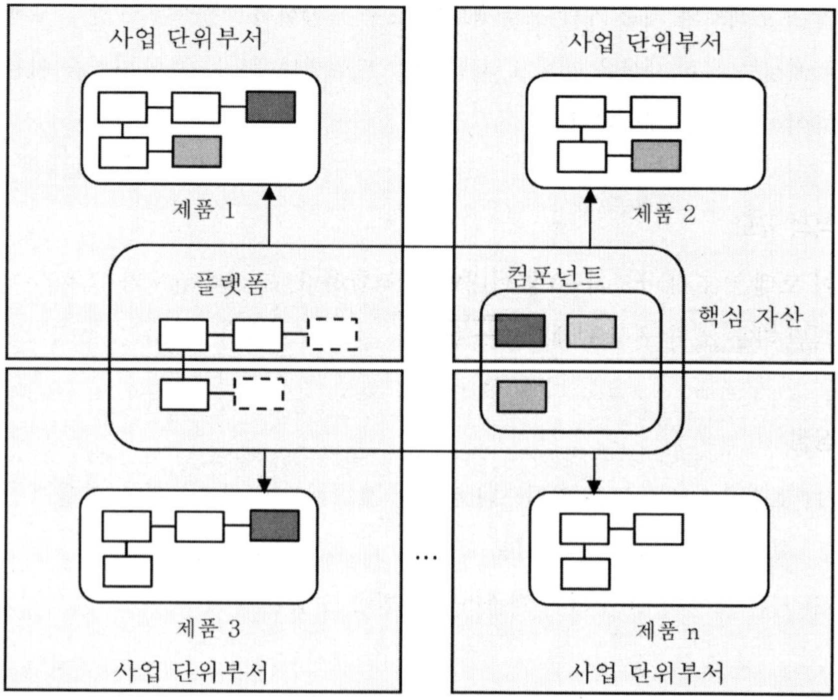

그림 4.2-1. 사업 단위부서 모델([Bosch 00]Figure 62를 일부 수정)

responsibility model)의 세 가지 수준으로 수행할 수 있다:

(1) 임의개발 모델: 모든 사업 단위부서가 핵심 자산을 진화시킬 수 있다.
(2) 자산책임자 모델: 하나의 사업 단위부서의 관점에서 최적화된 핵심 자산의 진화가 아니라, 핵심 자산이 조직 전체를 위한 진화가 되도록 자산책임자가 해당 핵심 자산을 책임진다.
(3) 혼합책임 모델: 핵심 자산의 개발 및 진화의 책임이 그 자산을 가장 많이 사용하는 사업 단위부서에 할당된다.

적정 규모

이 모델은 조직 규모가 30~100명일 때 적합하다. 그 이상이 되면 사업 단위조직들 간의 의사소통의 오버헤드가 n-대-n으로 커져서 플랫폼 개발 단위부서 모델을 도입하여 의사소통이 1-대-n이 되도록 해야 한다.

장점

(1) 자산의 효과적인 공유가 가능하다.

(2) 100명 이내의 규모에서는 사업단위 수를 증가시키기 용이하다.

단점

(1) 핵심 자산 개발/진화에 대한 동기가 낮다. 따라서 핵심 자산의 진화에 문제가 발생할 가능성이 높다.

4.3 플랫폼 개발 단위부서 모델

그림 4.3-1은 플랫폼 개발 단위부서 조직 모델을 보여준다.

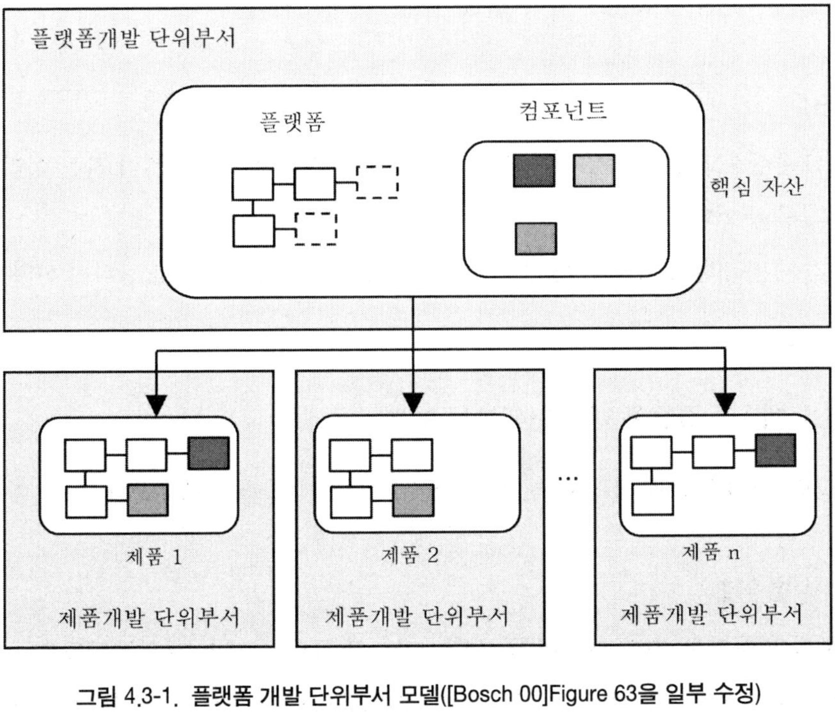

그림 4.3-1. 플랫폼 개발 단위부서 모델([Bosch 00]Figure 63을 일부 수정)

부서별 역할

핵심 자산의 개발과 진화는 플랫폼 개발 단위부서가 책임지고, 제품 개발은 제품 개발 단위부서들이 책임진다.

적정 규모

이 모델은 조직 규모가 100명이상 수백 명 이내일 때 적합하다. 플랫폼 개발 단위조직이 30명이 넘으면 여러개의 플랫폼 개발 단위조직으로 나누어야 한다.

장점

(1) 단위조직 간의 의사소통을 1-대-n으로 단순화시켜 효율적인 의사소통이 가능하다.
(2) 핵심 자산들의 진화를 잘 관리할 수 있다.
(3) 제품개발 단위 부서의 수를 증가시키기 용이하다.

단점

(1) 플랫폼 개발 단위부서를 위한 요구사항을 정의하고 관리해야 하는 어려움이 있다.
(2) 제품 개발 부서들 간에 상충되는 요구사항들에 대해 균형을 잡아야 한다.

4.4 계층적 플랫폼 개발 단위부서 모델

그림 4.4-1은 계층적 플랫폼 개발 단위부서 조직 모델을 보여준다.

부서별 역할

최상위 플랫폼 개발 단위부서에 추가적으로 플랫폼 개발 단위부서들을 두어, 최상위 플랫폼 개발 단위부서는 전체 제품라인의 핵심 자산 개발을 담당

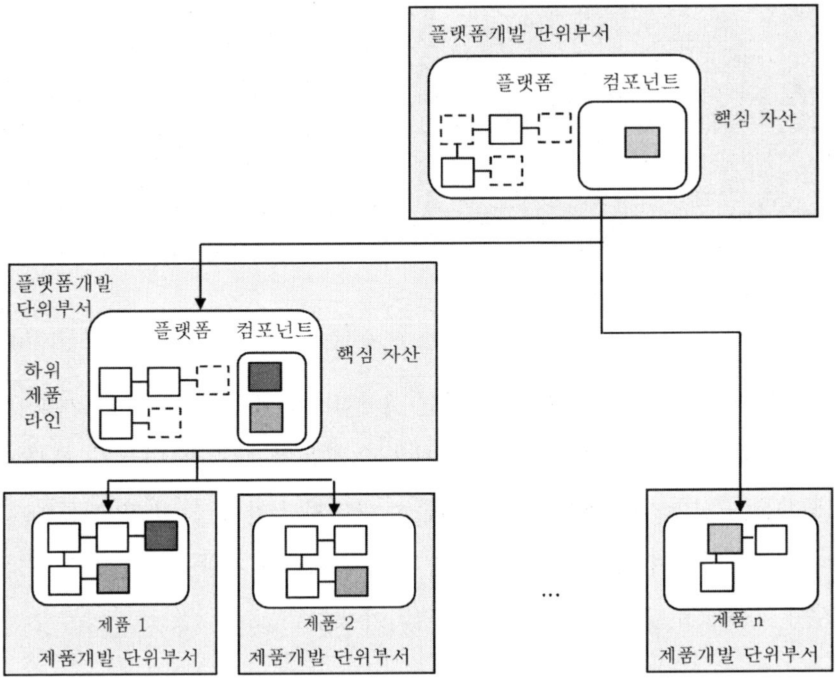

그림 4.4-1. 계층적 플랫폼 개발 단위부서 모델([Bosch 00]Figure 64를 일부 수정)

하고 플랫폼 개발 단위부서는 전체 제품군의 일부를 담당한다. 플랫폼 개발 단위부서는 담당한 제품들을 개발하기 위하여 하위제품라인을 구축하고 필요한 컴포넌트들을 개발하다.

적정 규모

이 모델은 수백 명 이상의 개발인력을 가진 큰 조직에 적합하다.

장점

(1) 크고 복잡한 제품라인과 많은 개발 인력을 수용할 수 있는 조직구조이다.

단점

(1) 오버헤드가 높아서 시장환경에 신속히 대응하는데 불리하다.

제5장

SPLD의 도입 운영 절차

제 2장부터 4장까지에서 볼 수 있었던 것처럼 SPLD는 개발의 범위, 개발 공정, 그리고 개발 조직에 이르기까지 단일제품의 개발과 다르기 때문에 SPLD를 도입할지에 대한 결정은 신중히 내려져야 한다. 또한 SPLD를 도입하기로 결정하여 제품라인을 구축한 후에는 새로운 제품들의 효율적인 개발이 지속될 수 있게 제품라인이 운영되어야 한다.

5.1 SPLD 도입 운영 절차

이 책에서는SPLD의 도입 운영 절차를 다음의 다섯 단계로 구분한다:

1) 탐색(Exploration) 단계
2) 도입(Adoption) 단계
3) 플랫폼 개발(Platform Development) 단계
4) 제품 개발(Product Development) 단계
5) 개선(Improvement) 단계

첫 번째 단계인 탐색 단계에서는 SPLD 도입의 경제성을 분석하고 SPLD의 도입 여부를 결정한다.

두 번째 단계인 도입 단계에서는 SPLD의 도입 방식을 결정하고 제품라인을 구축하기 위한 기획과 훈련, 리거시 시스템 선정[21], 피처분석, 비용이

21. 새로 개발하는 제품라인의 경우 리거시 시스템 선정은 불필요하다.

득 분석, 공정 결정 등 착수(launching) 준비를 수행한다. 여기서의 공정은 특정 제품라인의 개발과 운영에 대하여 자사환경에 맞게 수립된 공정을 말한다. SPLD도입 방식에는 선행식 접근과 추출식 접근이 있는데 이 두 방식에 대해서는 제 5.1.1절에서 설명한다.

세 번째 단계인 플랫폼 개발 단계에서는 특정 제품라인의 구축을 위하여 제품라인 범위결정, 제품라인 아키텍처 정의, 제품라인 운영 세부 계획 수립, 초기 핵심 자산 저장소 구축 등을 수행한다.

네 번째 단계인 제품 개발 단계에서는 제품라인을 운영하여 실제 제품을 만든다.

마지막으로 다섯 번째 단계인 개선 단계에서는 운영경험을 바탕으로 제품라인 및 공정을 개선한다.

5.1.1 SPLD 도입 방식[22]

(1) 선행식(proactive) 도입 - 선행식 접근법에서는 조직이 향후 필요할 것으로 예측하는 모든 제품들의 개발을 지원할 수 있는 제품라인을 새로 구축한다. 그림 5.1-1은 SPLD의 선행식 도입의 개념을 보여준다.

(2) 추출식(extractive) 도입 - 추출식 접근법에서는 조직이 기존에 개발한 제품들로부터 공통된 부분과 상이한 부분을 추출(extract)하여 제품라인을 구축한다. 도메인 분석모델, 요구사항, 설계, 소스코드, 시험 항목 등의 기존의 자산들로부터 공통적인 자산과 가변적인 자산을 분석/추출하여 제품라인을 구축한다. 그림 5.1-2는 SPLD의 추출식 도입의 개념을 보여준다.

22. 새로 개발하는 제품라인의 경우 리거시 시스템 선정은 불필요하다.

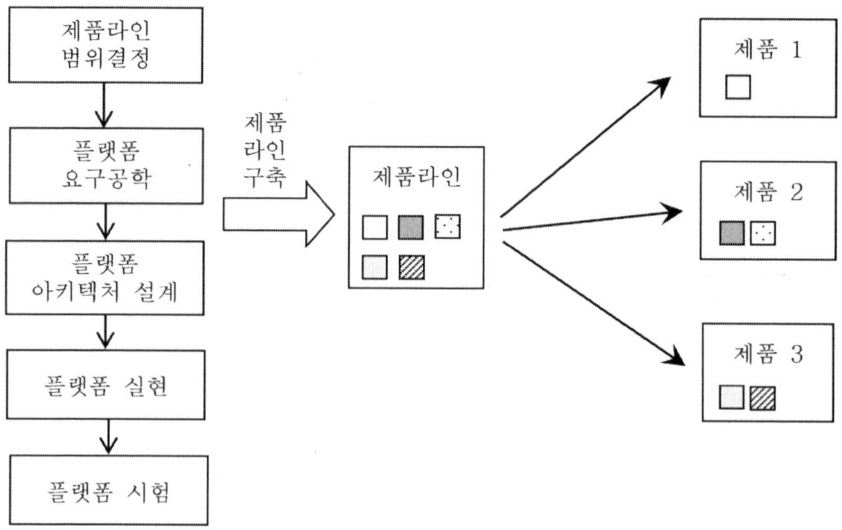

그림 5.1-1. 선행식 도입

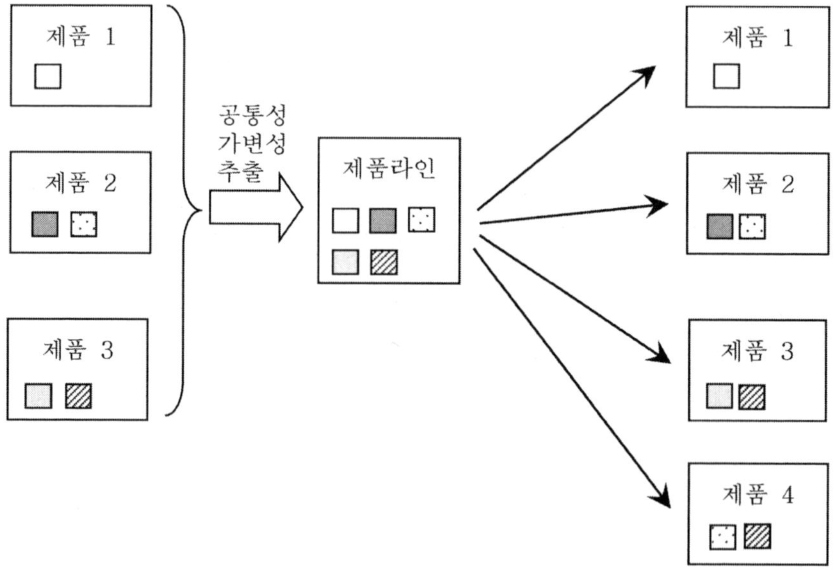

그림 5.1-2. 추출식 도입

5.1.2 SPLD 도입 운영 절차

그림 5.1-3은 위의 두 개의 SPLD 도입 방식을 포괄하는 SPLD 도입 운영 절차를 보여준다. 이 책의 제 II부에서는 SPLD의 기법들을 소개하는데, 그림 5.1-3은 SPLD의 도입 운영 절차의 각 단계별로 해당 단계에서 사용되는 SPLD 기법들이 나오는 제 II부의 장을 표시한다. 한편 그림5.1-3은 SPLD 도입 운영 절차의 모든 세부 단계를 보여주지는 않는다. 예를 들어, 도입 단계에 들어가는 '훈련' 활동은 그림5.1-3에 포함되지 않았다. SPLD를 도입하고자 하는 회사는 자사의 환경에 맞는 도입 운영 절차를 정의해야 하며 이를 위해, 그림 5.1-3에 명시적으로 나타나 있지 않은 이와 같은 활동들을 자사 환경에 맞도록 적절히 포함시켜 SPLD 도입 운영 절차를 구체화해야 한다.

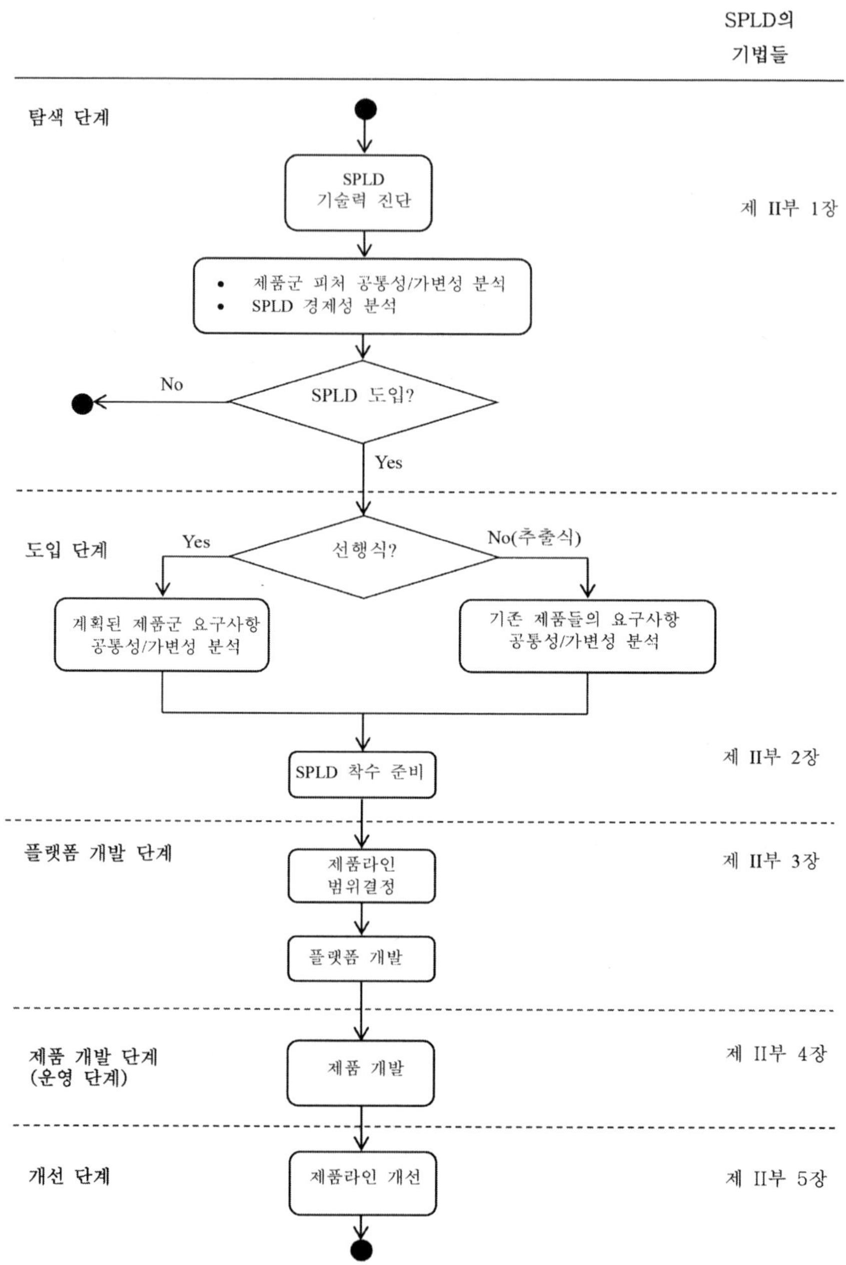

그림 5.1-3. SPLD 도입 운영 절차

5.2 SPLD 운영 절차

제품군 안에 들어 있는 제품을 계획된 제품이라고 하고, 제품군 안에 들어 있지 않은 제품을 계획되지 않은 제품이라고 한다. 계획되지 않은 제품 중에서 구축된 제품라인에서 생성될 수 있는 제품을 계획되지 않은 새로운 제품이라고 한다. 제품을 만드는 경우는 계획된 제품을 만드는 경우와 계획되지 않은 새로운 제품을 만드는 경우가 있고, 나아가 이런 제품들이 이미 만들어진 후 이들 제품에 대한 수정 요구사항이 발생하여 제품을 만드는 경우가 있다. 이러한 경우 그림 5.2-1의 절차에 따라 제품 개발이 이루어진다. 그림 5.2-1에서 제품라인 범위 수정 활동이 나타내는 바와 같이, 제품라인 운영과정에 제품이 만들어지며 제품라인이 점진적으로 확장될 수 있다.

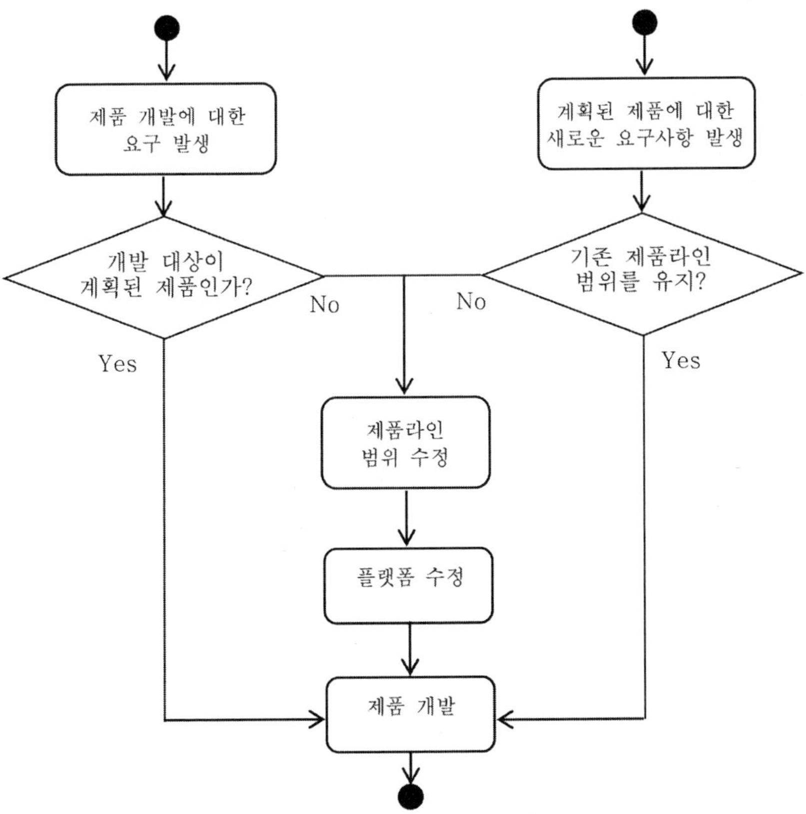

그림 5.2-1. SPLD 운영 절차

제 II 부

SPLD의 기법들

제 I부 5장 5.1절에서 SPLD의 도입 운영 절차를 (1) 탐색 단계, (2) 도입 단계, (3) 플랫폼 개발 단계, (4) 제품 개발 단계, (5) 개선 단계의 다섯 단계로 나누었다. 제 II부에서는 이 단계들에 따라 SPLD의 기본적인 기법들을 소개한다. 그 밖의 SPLD의 주요 기법들과 관련 기법들은, 관심 있는 독자들이 찾아볼 수 있도록 참고문헌을 제시한다. 기본적인 기법이 알려져 있지 않거나 알려져 있어도 저자들의 판단에 적합하게 보이지 않을 경우에는, 특정한 기법 대신 일반적인 공정과 산출물을 보인다. 이 경우 SPLD 사용자는 공정에 따라 해당 산출물의 모습을 스스로 정의하여 만들어야 한다.

SPLD의 각 기법은 다음 세 요소를 기술하여 소개한다:

용도: 해당 기법을 적용할 수 있는 상황/조건을 기술한다.

절차: 기법을 단계별로 기술한다.

파급효과: 기법을 적용한 결과물, 기법의 장단점을 기술한다.

제 II부에서 소개되는 각 기법들은 Id를 갖는데, 기법들의 Id를 만드는 문법규칙은 책의 서두의 '책을 읽는 방법'에 나와 있다.

제1장

탐색 단계

탐색 단계에서는 SPLD 도입의 경제성을 분석하고 SPLD를 도입할지의 여부를 결정한다. 탐색 단계는 그림 1-1의 공정으로 진행된다.

탐색 단계의 첫 번째 활동인 SPLD 기술력 진단에서는 SPLD 도입을 고려하는 조직의 SPLD 기술력을 진단하여 그 결과에 따라 SPLD 도입 시 필요한 개선 행동 계획 및 제품라인 적용 방법을 결정한다.

두 번째 활동인 SPLD 경제성 분석에서는 제품라인 도입으로 발생할 비용과 이득을 분석을 한다.[23] 분석 결과가 투자자본수익률(Return on Investment:

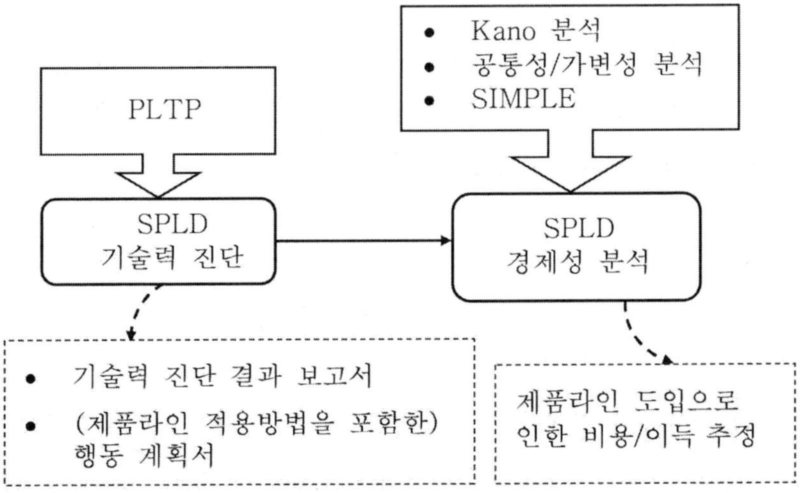

그림 1-1. 탐색 단계의 공정

23. 얼마나 긴 기간에 대한 ROI인지는 해당 조직의 환경에 맞게 자체적으로 판단하여야 한다.

ROI)이 기대치보다 높으면 SPLD를 도입하는 결정을 해야 하고 그렇지 않은 경우에는 도입하지 않는 결정을 해야 한다. SPLD 탐색 단계를 통하여 조직이 현재 기술력의 상태에서 SPLD를 도입한다면 SPLD 도입 및 역량 개선에 얼마나 노력이 소요될지, 어느 정도의 이득이 발생할지를 예측할 수 있다.

1.1 SPLD 기술력 진단

■ T_EX_1: PLTP

A) 용도

PLTP(Product Line Technical Probe)[24]는 조직이 SPLD를 도입할 준비가 되었는지, SPLD를 도입하여 성공할 역량을 갖추고 있는지 진단하는 방법이다. 탐색 단계에서 PLTP는 SPLD를 위해 중요한 조직, 기술 및 소프트웨어공학 역량의 기준을 제시하기 때문에, SPLD 도입을 고려하는 조직이 필요한 필수 역량을 갖추었는지 그리고 그 역량의 수준이 어느 정도인지 확인하는데 사용된다. 또한 진단 결과는 조직이 가야 할 방향을 알아내고 SPLD 필수 역량을 점진적으로 개선하는데 활용될 수 있다. PLTP는 조직이 CMM/CMMI 등의 소프트웨어 개발 성숙도 모델에 따른 단일 소프트웨어 제품 개발 기술력을 충분히 갖추고 있음을 가정한다.

B) 절차

PLTP의 공정은 표 1.1-1과 같이 세 단계로 구성된다[25].

PLTP 공정의 첫 번째 단계는 사전 단계로, 이 단계에서는 사전 정보 수집, PLTP 사전회의 및 사전 단계 질의를 진행한다. 추가적으로, 사전 단계

24. [Clements 02]Chapter 8.
25. PLTP는 공정, 질의와 산출물에서 SCAMPI와 유사하나, PLTP는CMU/SEI의 제품라인 프레임워크를 참조 모델로 하고 있고 SCAMPI는 CMMI를 참조 모델로 한다는 데서 서로 다르다.

표 1.1-1. PLTP 공정

사전 단계	기술조사 단계	후속 단계

사전 정보 수집
PLTP 사전 회의
사전 단계 질의 진행
	킥오프
	반복:
	  인터뷰
	  데이터정리 및 분석
	결과 보고
		제품라인 계획 워크샵
		행동 계획(action plan) 작성

수행의 결과에 따라 기술조사 단계 수행을 위한 질의의 범위결정, 자료(문서) 수집 및 검토, 기술조사 단계의 인터뷰에 참여할 조직 내의 작은 규모의 피어그룹[26] 구성, PLTP 일정 결정을 수행한다.

PLTP 공정의 두 번째 단계인 기술조사 단계는 PLTP 팀이 진단 대상 조직의 사이트에 도착한 후 수행되는데, 킥오프, 반복적으로 시행될 수 있는 피어그룹을 대상으로 한 인터뷰와 그 결과 데이터의 정리 및 분석, 그리고 결과 보고로 구성된다. 피어그룹들을 대상으로 수행하는 PLTP 인터뷰 질의는"...에 대하여 상술해 주시겠습니까?"와 같은 형태이기 때문에 단답형으로 대답할 수 없다[27]. PLTP 인터뷰 질의를 위하여 제 5장의 그림 5.1-1의 실무 영역들을 참조할 수 있다. 결과 보고를 위하여는 기술력 진단 결과 보고서를 작성해야 하는데, 이 문서는 인터뷰와 자료(문서) 검토 결과를 바탕으로 각 실무 영역의 관점에서 조직이 시행하고 있는 실무의 강점, 약점, 그리고 제안사항들(recommendations)을 담는다.

PLTP의 세 번째 단계는 제품라인 계획 워크샵과 워크샵 결과에 따른 행동 계획 작성으로 이루어진다. 제품라인 계획 워크샵에서는 다음 산출물들을 만든다:

---

26. 피어그룹은 SPL 이해관계자들을 대표하는 사람들로서 구성된다. 이들은 SPL에 관한 유사한 업무적 책임을 갖지만 상호 보고의 의무는 없는 사람들이다.
27. 이는 SCAMPI의 경우도 마찬가지이다. 관련된 상세한 정보는 [Clements 02]Chapter 8의 PLTP를 참고하라.

- 제품라인 비전
- 현황
- 목표(원하는 미래의 모습)
- 목표 달성에 장애가 되는 요인들과 목표 달성을 가능하게 하는 요인들
- 개선을 측정할 수 있는 메트릭들
- 적용방법(전략을 수행하기 위한 상세한 활동들)

행동 계획서는 PLTP에서 발견된 실무에 있어서의 조직의 약점을 극복하고 조직의 강점을 활용하면서, 제품라인 계획 워크샵에서 수립된 제품라인 도입 전략을 이행하기 위한 구체적인 역량 개선 계획이다. 행동 계획서는 해당 제품라인을 위한 SPLD의 적용방법 이외에도 발견된 조직의 약점별로 이를 극복하기 위한 개선 행동(action), 행위자(actor), 약점의 극복 여부 판단 기준, 소요 노력, 일정 등을 포함한다.

C) 파급효과

PLTP의 주요 산출물은 조직의 약점뿐만 아니라 강점을 함께 보고하는 기술력 진단 결과 보고서와 행동 계획서이다. PLTP 진단 결과에 따라 강점의 경우 계속 같은 방향으로 나아가며 지식을 축적해 가야하고, 약점의 경우 행동 계획에 따라 극복해야 한다. 조직은 SPLD를 시작한 후에도 주기적으로 PLTP를 수행하여 진행 중인 SPLD의 건전성을 확인해야 한다.

D) 참고문헌

PLTP 인터뷰 질의 예와 PLTP 일정 예는 [Clements 02]Chapter 8(Product Line Technical Probe)를 참고하라.

1.2 SPLD 경제성 분석

■ T_EX_2: Kano 분석

A) 용도

Kano 분석은 제품의 피처들을 제공하는데 필요한 고객 요구사항[28]의 공통성/가변성을 분석하는 방법으로, 고객만족도가 높은 요구사항들의 구성을 갖도록 제품을 기획하게 하여 제품라인의 사업적 성공가능성을 높이는데 활용될 수 있는 방법이다. 이 기법은 탐색단계 또는 도입단계에 모두 적용 가능하다.

B) 절차

Kano 방법의 핵심은 고객 요구사항을 다음과 같은 요구사항 카테고리들로 분류하는데 있다[Pohl 05]:

- 기본 요구사항(basic requirement) 카테고리: 이 카테고리의 요구사항들은 반드시 있어야 하는 요구사항들로 이 요구사항이 없이는 제품 사용자들을 결코 만족시킬 수 없다. 그렇지만 이 요구사항이 고객 만족도를 특별히 더 높이지는 않는다. 예를 들면 홈 오토메이션 도메인에서 신뢰성은 기본 요구사항이다. 만일, 홈 오토메이션 시스템이 올바로 작동하지 않는 경우가 빈번하다면 고객은 매우 불만족스러울 것이다.
- 만족요인 요구사항(satisfier requirement) 카테고리: 고객만족도는 이 요구사항 구현 수준에 비례한다. 홈 오토메이션 시스템에서 전등, 문, 창문 등에 대한 제어가 이 카테고리에 해당되는 요구사항들이다.
- 고객감동 요구사항(delighter requirement) 카테고리: 이 카테고리의 요구사항은 구현되지 않아도 문제가 발생하지 않으나, 구현된다면 고객만족도에 매우 긍정적인 효과를 준다. 이 카테고리의 요구사항은 고

---

28. 여기서는 요구사항을 요구되는 피처로 볼 수 있다.

객이 기대하지는 않지만 높은 가격을 지불해서라도 살 의향이 있는 요구사항이다. 홈 오토메이션 도메인에서 오디오, 비디오 제어 요구사항이 이 카테고리에 해당한다.

- 무관심 요구사항(indifferent requirement) 카테고리: 이 요구사항들은 지원되지 않아도 고객만족도에 영향을 미치지 않는다. 홈 오토메이션 시스템에서 사용될 데이터베이스가 이 카테고리에 해당한다. 이 경우, 사용될 데이터베이스가 다른 요구사항에 영향을 미치지 않는 한 고객만족도는 영향을 받지 않는다.

그림 1.2-2가 보여주는 바와 같이 기본 요구사항은 만족도를 높이지는 못하나 제공되지 않으면 불만족도가 높아지고, 만족요인 요구사항은 선형적으로 만족도를 증가시키며 고객감동 요구사항은 고객만족도에 큰 영향을 주는 반면, 무관심 요구사항은 고객만족도에 영향을 미치지 않는다.

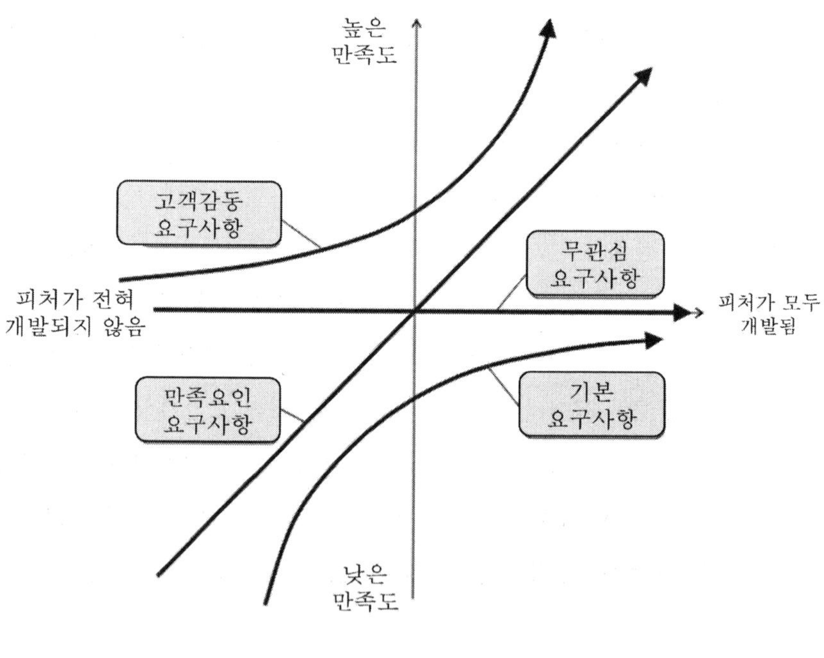

그림 1.2-2. Kano의 요구사항 분류([Pohl 05])

Kano 분석은 다음 5단계를 통해서 진행된다:

- 고객 요구사항 식별: 제품이 시장에서 성공하는데 필수적인 요구사항을 식별해야 한다. 고객 요구사항은 고객 인터뷰를 통해서 식별될 수 있다. 인터뷰할 고객을 선택할 때에는 고객 층(customer segmentation)이 잘 정의되고 대표 고객이 적절히 선택되어야 한다.
- 질의서 작성: 각 요구사항에 대하여 기능이 동작할 경우의 질문(functional question)과 기능이 동작하지 않을 경우의 질문(dysfunctinoal question)을 모두 작성하고, 답변은 '좋음'부터 '싫어함'까지 5점 척도로 한다.
- 설문 조사: 데이터 수집을 위해 지면 혹은 대면 설문조사를 수행할 수 있는데, 회수율이 높은 대면 설문조사를 권장한다.
- 데이터 분석 및 해석: 수집한 데이터는 요구사항별로 요구사항이 속하는 (고객이 응답한) 카테고리의 빈도를 합산하여 분석한다.
- 제품 피처 선택: 어떤 요구사항들이 제품 피처로 구현될 지 결정한다. 고객 만족도를 높이기 위해 중급 제품에서는 최소한 모든 기본 요구사항들과 만족요인 요구사항들은 구현해야 한다. 고급 제품을 위해서는 두 세개의 고객감동 요구사항을 추가하여 개발할 수 있다.

C) 파급효과

Kano 분석의 최종 산출물은 구체적인 제품군 범위결정 이전에 상위 수준에서 결정한 제품의 피처들이다. Kano 분석은 초기 제품군 제품과 피처 결정을 지원할 뿐만 아니라 조직의 상위 수준 관리자들이 초기 제품 포트폴리오와 피처를 토대로, 예상되는 제품의 고객만족도와 시장에서의 경쟁력 등을 가늠해 보고 추가적인 의사결정을 할 수 있도록 한다는 장점이 있다. 분석 결과는 제품라인 프로토타이핑 대상 결정과 제품라인 범위결정 단계의 중요한 입력으로 이용된다.

D) 참고문헌

Kano 분석과 관련된 세부 내용은 [Pohl 05]Chapter 9를, 제품군에서 Kano 분석 방법을 이용하여 제품군의 피처를 정의, 분석, 선택하는 세부적인 방법은 [Alsawalqah 14]를 참고하라. 고객 층 분석과 관련된 내용은 ISO/IEC JTC1/SC7 IS 26560(Product line product management)과 [Clements 02]Chapter 6 Section 6.6(Market analysis)을 참고하라. 데이터를 해석하는 방법은 [Pohl 05]Chapter 9 Section 9.5를 참고하라. [Linden 07]Chapter 2는 시장, 고객, 제품라인 경제성 등 제품라인의 비즈니스 측면을 전반적으로 다루고 있다.

■ T_EX_3: 제품군의 공통성/가변성 분석

A) 용도

제품군의 공통성/가변성 분석을 수행하고 그 결과를 기록한다. 피처, 요구사항, 시험 항목 등 다양한 요소에 대한 공통성/가변성 분석에 사용된다. 이를 위하여 Kano 분석 등의 방법을 통하여 얻어진 구성요소의 mandatory/optional정의표와 제품군 공통성/가변성 분석 매트릭스를 사용한다.

B) 절차

표 1.2-1은 제품의 구성요소가 제품에 반드시 포함되어야 한다는 것 혹은 포함될 수도 포함되지 않을 수도 있다는 것을 정의하는 표이다. 전자의 경우는 해당 셀을 'mandatory'로 표시하고 후자의 경우에는 'optional'로 표시한다.

표 1.2-1. 구성요소의 mandatory/optional정의표

구성요소	분류
구성요소 1	mandatory
구성요소 2	optional
...	...
구성요소 k	optional

제품군의 공통성/가변성 분석을 위해서는 이 표와 더불어 공통성/가변성 분석 매트릭스가 필요하다. 표 1.2-2는 이 매트릭스를 사용한 제품군의 공통성/가변성 분석의 예를 보여준다.

표 1.2-2. 제품군 공통성/가변성 분석 매트릭스

제품 \ 구성요소	제품 1	제품 2	...	제품 n
구성요소 1	포함	포함		포함
구성요소 2	포함	불포함		포함
...				
구성요소 k	포함	불포함		불포함

매트릭스의 각 셀에는 해당 구성요소가 제품에 포함되는지 포함되지 않는지를 '포함'/'불포함'으로 기록한다. 위의 예의 경우 구성요소 1은 모든 제품에 공통적이고 구성요소 2와 구성요소 k는 일부 제품에만 포함된다. 제품군 공통성/가변성 분석 매트릭스는 구성요소의 mandatory/optional정의표를 준수해야 한다. 즉, 매트릭스에 'madatory'인 구성요소는 각 제품에 반드시 포함되어야 한다.

가변성의 분석과 처리는 SPLD만의 문제가 아니라, 단일 제품의 프로그램 개발에서도 고려해야 하는 문제이다. 프로그램은 기본적으로 다양한 입력에 대하여 올바른 출력을 제공하기 위하여 입력의 다양성을 분석하고 이를 처리하는 방법을 구현한다. 예를 들어, 복수의 매개변수를 통하여 다양한 입력값을 받고, 이를 처리하기 위하여 선택문과 조건적 반복문을 사용한다. 따라서 SPLD가 다루는 새로운 범위는 전통적으로 단일 프로그램에서 다루어 왔던 가변성이 아니라, 가변성의 처리가 실행 이전에 일어나는 경우이고 이 경우 새로운 종류의 가변성들은 서로 다른 제품을 산출한다.[29]

29. 그러나 SPLD에서는 하나의 프로그램이 실행될 때 나타나는 가변성뿐 아니라, 프로그램들 간의 가변성으로 다루어야 하기 때문에, 다양한 가변성 처리 방법을 고려하게 되고 이러한 새로

C) 파급효과

탐색 단계에서 분석한 제품군의 공통성/가변성은 제1.2절의 경제성 분석의 핵심 자산 구축 비용 추정 시 사용된다. 분석된 가변성을 가변성 모델로 구축하면, 가변성 모델은 제품군의 가변 산출물에 대한 높은 수준의 추상화를 제공하여 가변성에 대한 참여자들 간의 의사소통이 용이해진다.

D) 참고문헌

이 절의 기법과 약간 다른 방식으로 제품군 공통성/가변성 분석 매트릭스의 예가 [Pohl 05]Chapter 10에 나온다.

■ T_EX_4: SIMPLE

A) 용도

제품라인은 플랫폼을 기반으로 일 군의 제품들을 개발(생산)하기 때문에, 단일 소프트웨어 시스템 개발 방법을 제품별로 적용하여 일 군의 제품을 개발하는 개발방법과 비교하여 높은 경제성을 가질 수 있다. SPLD의 경제성 분석은 제품라인의 제품들과 관련된 시장 및 기술 환경에 관련된 다양한 사항들을 고려해야 하지만, 경제성 이론에 능통하지 않은 관리자와 기술자로 구성된 제품라인 의사결정권자들이 SPLD의 경제성을 분석을 해야 할 수도 있다. SIMPLE은 이러한 경우에 사용할 수 있는 SPLD의 경제성 분석 기법이다. SIMPLE은 제품라인을 처음 도입하는 경우에는 단일 소프트웨어 시스템 개발 방법과 비교하여 제품라인 개발에 소요되는 비용과 이득을 추정하고, 제품라인이 도입된 후에는 제품라인 진화에 소요되는 비용과 이득을 추정한다.

운 방법들이 단일 프로그램에서의 전통적인 가변성처리 방법을 개선하는데 새로이 이용될 수 있다. 특히 코딩이전의 모델링의 경우 SPLD의 강력한 가변성 모델링 방법이 단일 프로그램 내부에서의 엄밀한 가변성 모델링을 위해서도 효과적으로 사용될 수 있다.

B) 절차

SIMPLE(Structured Intuitive Model for Product Line Economics)[30]은 일련의 비용 함수들과 이득 함수들로 구성된다. SIMPLE이 여러 가지 비용 함수를 정의하여 사용하는데 다음은 그 가운데 가장 기본적인 비용 함수들이다:

- C_{org}: 조직이 SPLD를 도입하는데 소요되는 비용으로, 조직 재구성, 공정 개선, 교육을 포함하여 조직 차원의 개선에 소요되는 비용을 포함한다.
- C_{cab}[31]: 핵심 자산을 구축하는데 소요되는 비용으로 공통성과 가변성 분석, 제품라인 범위결정, 도메인 아키텍처 설계 및 평가와 개발 비용을 포함한다.
- C_{unique}: 하나의 제품을 개발할 때 (핵심 자산을 재사용하지 않고) 그 제품을 위하여 새로이 개발하는 부분에 소요되는 비용을 말한다.[32]
- C_{reuse}: 핵심 자산을 재사용하여 제품을 개발하는데 소요되는 비용으로, 이 비용은 재사용을 위하여 해당 자산들을 저장소에서 탐색하여 가져와 제품 개발에 사용하기 위해 수정하고 이들을 시험하는데 소요되는 비용을 포함한다.

이 비용 함수들의 사용 예를 보면, 제품라인을 사용해서 n개의 제품을 개발하는데 들어가는 비용 $C_{SPLD}(n)$은 다음과 같이 계산된다.

$$C_{SPLD}(n) = C_{org}() + C_{cab}() + \sum_{i=1}^{n}(C_{unique}(product_i) + C_{reuse}(product_i)) \quad \text{(수식 1)}$$

이외에도SIMPLE은 제품을 제품라인을 사용하지 않고 개별적으로(즉, 단일 제품 개발 방식으로) 개발할 경우에 소요되는 비용을 나타내는 함수 C_{prod},

30. [Clements 05]

31. "cab"는 "core asset base"의 머리글자이다.

32. 이 비용은 제품을 재사용 없이 전부 새로이 개발하는데 들어가는 비용이다($C_{reuse}()=C_{cab}()= 0$).

단일 제품 개발 방식에서의 진화 비용을 나타내는 함수 C_{evo}, 제품라인에서 핵심 자산 베이스(Core Asset Base)를 갱신하는데 소요되는 비용을 나타내는 함수 C_{cabu}[33]를 정의하고 있다.

이 함수들을 이용하면 단일 제품 개발 방식으로 n개 제품을 개발하는데 소요되는 비용 $C_{SPD}(n)$은 다음과 같이 정의된다:

$$C_{SPLD}(n) = \sum_{i=1}^{n} C_{prod}(product_i) \qquad \text{(수식 2)}$$

이득 함수는 제품라인의 목표와 관련되는데, 제품라인의 목표가 출시 시간을 단축하는데 있거나 또는 생산성 향상에 있다면 이득 함수는 그에 맞게 정의되어야 한다. SIMPLE 방법은 SPLD로 인한 이득 B_{SPLD}를 다음과 같이 계산한다:

$$B_{SPLD} = \sum_{j=1}^{nbrBenefits} B_{benj(t)} \qquad \text{(수식 3)}$$

여기서 ben_j는 특정 이득을, B_{benj}는 해당 이득을 산출하는 이득 함수를, 매개변수 t는 정해진 기간의 시간을, *nbrBenefits*는 정의된 B_{benj}함수의 개수를 나타낸다. 제품라인 도입으로 인한 비용과 이득을 모두 고려한 순이득은 간단히 "C_{SPD}(n) - C_{SPLD}(n)"로 계산할 수 있다.

C) 파급효과

SIMPLE은 특정 SPLD 방법에 국한되지 않는 SPLD 경제성 분석 방법이다. SIMPLE은 결과값을 산정한 참여자나 결과값을 보고받는 관리자가 모두 직관적으로 이해하기 쉽게 설계된 모델이다. 앞에서 SIMPLE의 함수들을 사용하여 보여준 제품라인 도입으로 인한 비용과 이득의 계산, 그리고 이들로부터 계산된 순이득은 관리자들이 제품라인을 도입할지에 대한 의사결정에 중요한 고려사항이다.

---

33. "cabu"는 "core asset base update"의 머리글자이다.

D) 참고문헌

구체적인 내용 및 활용 예는 CMU/SEI의 기술보고서인 [Clements 05]를 참고하라.

관련 연구

제품라인 시장 분석은 [Pohl 05]Chapter 9(Product management)와 [Linden 07]Chapter 2(Business), [Clements 02]Chapter 6 Section 6.6(Market Analysis)에서 논의하고 있다.

제2장

도입 단계

도입단계는 그림 2-1의 공정으로 진행된다.

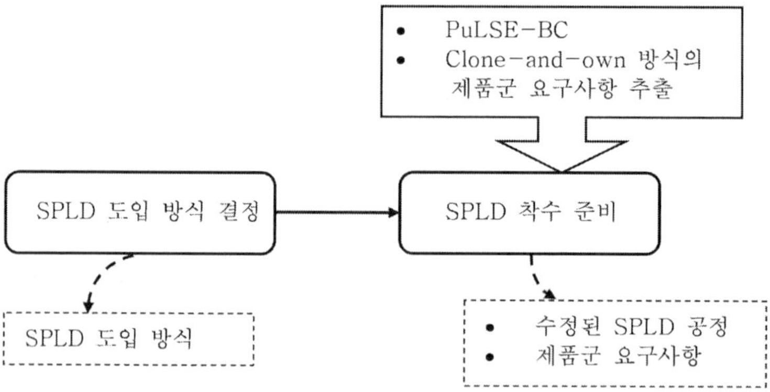

그림 2-1. 도입 단계의 공정

2.1 SPLD 도입 방식 결정

도입 방식의 결정을 위해서는 기존 제품들의 품질을 먼저 고려해야 한다. 보유한 제품의 품질이 높으면 추출식 접근이 적절하다. 그러나 보유한 제품들의 품질이 낮다면 보유제품들의 컴포넌트들을 재사용하기 어렵고 따라서 선행적 접근이 좋은 선택이 된다. 또 보유한 제품의 개수가 적거나 제품의 규모가 작은 경우에는 선행적 접근이 적절하다. 보유 제품의 규모가 크고 개수가 많은 경우에는, 경제성 분석을 통해 선행적 접근과 추출식 접근 사이의 투자자본수익률을 비교할 필요가 있다.

2.2 SPLD 착수 준비

- T_AD_1: PuLSE-BC

A) 용도

PuLSE(Product Line Software Engineering)는 유럽의 ITEA 프로젝트에서 개발한 제품라인 소프트웨어공학 방법론으로, 그림 2.2-1은 PuLSE를 구성하는 단계와 컴포넌트들 그리고 그들 간의 관계를 보여준다. PuLSE는 크게 배치 단계들, 기술 컴포넌트들, 지원 컴포넌트들로 구성된다. 배치단계는 제품라인이 수행하는 논리적 단계로, 배치 단계의 단계들은 제품라인을 시작(setup)하고 사용(use)하는데 수행되는 활동들이다. 기술 컴포넌트들은 배치 단계들에서 제품라인을 전개하는데 필요한 공정과 기술적 노하우를 제공하고, 지원 컴포넌트들은 제품라인을 더 잘 도입하고 진화하고 전개할 수 있도록 하는 정보의 패키지이거나 가이드라인들이다.

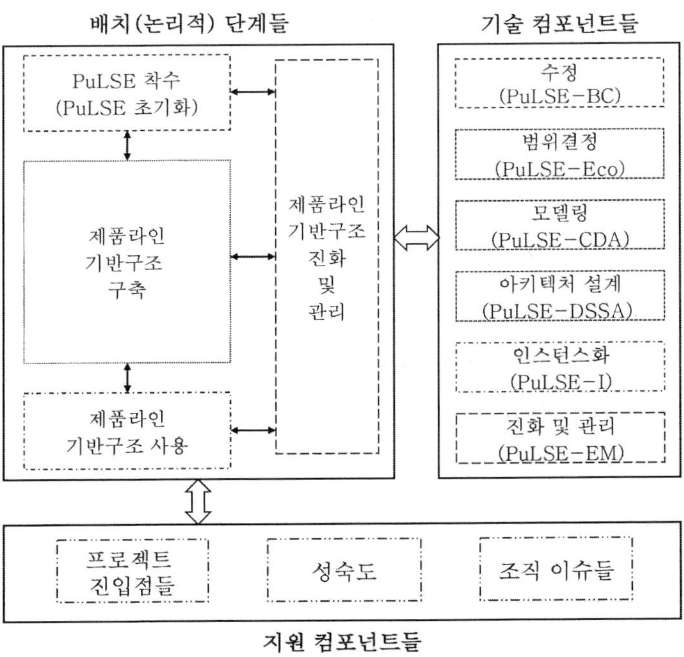

그림 2.2-1. PuLSE의 개요([Schmid 06])

PuLSE의 기술 컴포넌트들 중 PuLSE-Eco, PuLSE-CDA, PuLSE-DSSA는 제품라인 기반구조 구축에, PuLSE-I는 제품라인 기반구조 사용에, 그리고 PuLSE-EM은 제품라인 기반구조 진화 및 관리에 각각 필요한 공정과 기술적 노하우를 제공하며 PuLSE-BC(Product Line Software Engineering-Baselining and Customization)[34]는 PuLSE 착수 시에 조직 상황에 맞추어 PuLSE를 수정(customization)[35]하도록 지원한다.

B) 절차

PuLSE 착수 단계에서는 조직의 현황을 이해하기 위한 베이스라이닝을 하고 그 결과에 따라 기술 컴포넌트들을 조절(adaptation)하는데, PuLSE-BC는 이 단계에 공정과 기술적 지식을 제공하여 PuLSE-BC가 정의하고 있는 공정과 기술적 지식을 이용하여 기술 컴포넌트를 수정할 수 있게 한다.

PuLSE-BC는 다음 세 가지 활동으로 구성된다:

(1) 상황 베이스라이닝(Situation Baselining): 조직 환경과 관련된 수정 인자(customization factor)들을 식별하고 인자와 관련된 PuLSE 컴포넌트들을 결정한다. 이 과정에 수정 인자 식별을 위해 필요한 환경정보를 PuLSE의 지원 컴포넌트들이 제공한다. 베이스라이닝 전략에 따라 질의 형식으로 정보를 수집하고 그 결과를 베이스라인 프로파일로 기록한다.

(2) 영향 평가(Impact Evaluation): 베이스라인 프로파일을 평가하여 평가 결과를 의사결정 프로파일로 저장한다. 이 활동에서는 처음부터 새로 모든 의사결정을 할 수도 있고 기존의 의사결정 프로파일을 재사용하여 평가와 수정을 진행할 수도 있다.

---

34. [Schmid 06]

35. 이 책에서는 "customization"을 "고객맞춤"으로도 번역하나 PuLSE-BC에서의 "customization"은 조직의 문맥에 맞게 PuLSE를 수정하는 것을 의미하여 여기서는 "수정"으로 번역한다.

(3) 공정 수정(Process Customization): 이 활동에서는 의사결정 프로파일에 따라 PuLSE의 기술 컴포넌트들을 수정하여 각 기술 컴포넌트의 공정 모델인 컴포넌트 공정 정의서를 산출한다. 그리고 컴포넌트 공정 정의서에 정의된 기술 컴포넌트들의 공정들을 통합하여 적용할 최종적인 초기 PuLSE 공정(final initialized process definition)을 개발한다. 이 공정 정의는 사용될 작업산출물의 정의와 그것들 간의 관계, 작업산출물들의 표현들을 포함한다.

PuLSE-BC는 PuLSE 착수 시뿐 아니라 제품라인의 진화 과정에도 사용될 수 있다.

C) 파급효과

PuLSE-BC의 결과에 따라 제품라인 기반구조 구축을 위한 기본 공정과 기술을 제공하는 PuLSE-Eco, PuLSE-CDA, PuLSE-DSSA의 공정이 수정된다.

D) 참고문헌

PuLSE-BC는 [Bayer 99]와 [Schmid 06]을 참고하라. PuLSE-BC에 따라 PuLSE 기술 컴포넌트들을 수정하는 구체적인 예는 [Schmid 06]에 나온다.

■ T_AD_2: Clone-and-own 방식의 제품군 요구사항 추출

A) 용도

추출식 접근을 선택한 경우 제품군 요구사항을 추출하기 위하여 Clone-and-own 방법을 사용할 수 있다. 새로운 제품의 개발을 책임진 개발팀은 기존 제품의 요구사항들을 복제하여 이를 변경함으로써 새로운 제품의 요구사항들을 만든다. 변경은 기존 제품의 요구사항에는 영향을 미치지 않는다.

B) 절차

그림 2.2-2는 Clone-and-own 방법을 사용하여 기존의 제품 P로부터 새로운 제품 Q와 R을 개발하기 위해 요구사항을 추출하는 과정을 보여준다. 요구사항은 정제된 정도에 따라 레벨 1 요구사항, 레벨 2 요구사항, 레벨 3 요구사항으로 나눌 수 있다. 레벨 1 요구사항은 이해관계자 요구사항으로 솔루션과는 독립된 제품 개발 문제의 서술 관점으로만 요구사항을 기술한다. 레벨 2 요구사항은 시스템 요구사항으로 여러가지 구현이 가능한 추상적 수준의 솔루션(abstract solution)을 포함한다. 레벨 3 요구사항은 하위시스템 요구사항을 말한다. 개발될 시스템의 규모와 복잡도에 따라 시스템 요구사항은 레벨 4 이상의 하위 레벨로 정제될 수 있다.

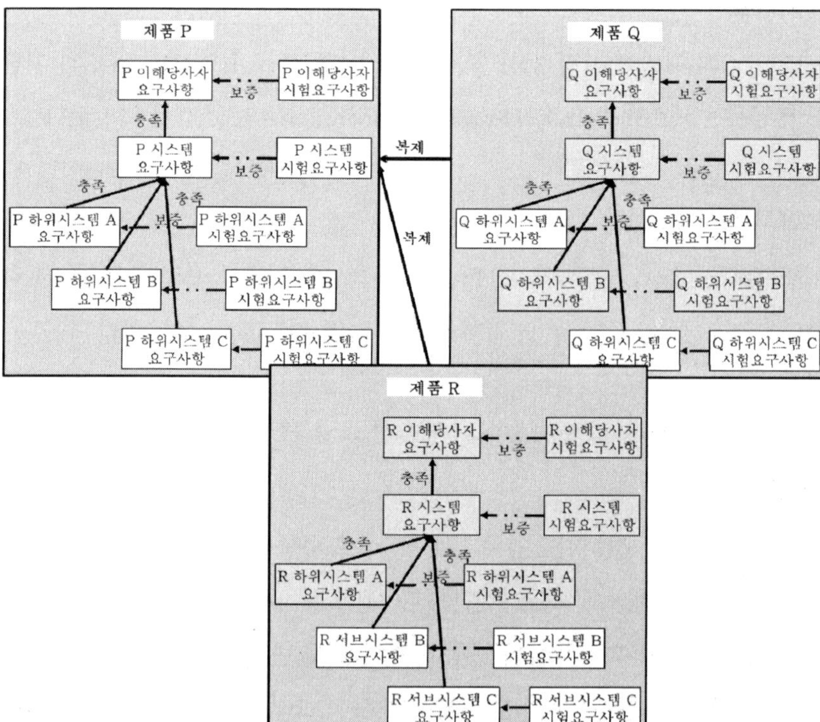

그림 2.2-2. Clone-and-own 방법의 요구사항 추출 공정 예시([Krueger 09])

Clone-and-own 개발방법은 기존 제품의 요구사항을 복제하는 것으로 시작되며 그림 2.2-2는 기존의 제품 P의 요구사항이 제품 Q와 R을 위하여 복제된 모습을 보여주다. 그림 2.2-2에서 흰색 사각형은 복제가 된 후에 제품 개발 과정에 변경되지 않은 부분을 나타내고 진한 색 사각형은 변경된 부분을 나타낸다. 따라서 제품 Q는 제품 P에 없는 새로운 이해관계자의 요구사항에 의해, 시스템 요구사항이 변경되고 다시 이로 인해 하위시스템 B의 요구사항이 따라서 변경된 모습을 보여준다. 이와 달리 제품 R은 제품 P에 없는 새로운 이해관계자의 요구사항에 의해, 시스템 요구사항이 변경되고 이로 인해 하위시스템 A의 요구사항이 따라서 변경된 모습을 보여준다.

C) 파급효과

이 방법을 사용하면 제품군 요구사항을 관리하고 신규 제품의 요구사항을 추가하는데 단일 제품을 위한 요구사항 관리 도구를 그대로 이용할 수 있다.[36] 그러나 이 경우 제품군의 제품들 간에 요구사항들이 중복적으로 관리되는 문제가 발생하기 때문에 공통성/가변성 분석을 통하여 제품라인 요구사항으로 변환하여 관리해야 한다.

D) 참고문헌

[Krueger 09]은 Clone-and-own 방법을 이용한 제품군 요구사항 추출에 대해 설명한다. [Käkölä 06]Part II Chapter 4는 리거시 사용자 문서로부터 제품라인 정보를 획득하는 PuLSE-CaVe 방법을 소개한다.

관련 연구

비즈니스케이스를 작성하고, 각 비즈니스케이스 대안의 비용과 이득을 추

36. 이러한 요구사항 관리는 제품라인 개발의 요구사항 관리로 볼 수 없다.

정하는 기법은 [Clements 02]Chapter 6 Section 6.1(Building a business case)[37]에서, 제품라인 공정은 [Clements 02]Chapter 5 Section 5.4(Process definition)[38]에서 일부 논의하고 있다. 공통성과 가변성 간의 트레이드오프 분석은 [Simpson 06]Chapter 7(Commonality indices for assessing product families)을 참고하라.

[Clements 02]Chapter 7(Software Product Line Practice Patterns)은 제품라인 도입 조직의 컨텍스트, 제품라인 관련 문제 유형에 따라 조직에 적합한 일단의 프랙티스 영역들을 제품라인 적용에 적합한 해결책으로 제시하는 패턴들을 기술하고 있다.

37. Section 6.1.4(Specific Practices), p230

38. Section 5.4.1(Aspects Peculiar to Product Lines), p176

제3장

플랫폼 개발 단계

제 I부 3장에서 플랫폼을 개별 제품들을 인스턴스로 도출할 수 있도록 제품군의 공통적인 부분과 제품군의 가변점으로 구성된 산출물로 정의하고, 플랫폼 개발을 제품군의 공통성/가변성을 파악하여 공통 산출물을 만드는 활동으로 정의하였다. 따라서 플랫폼 개발 단계는 플랫폼으로부터 개별 제품 인스턴스를 도출할 수 있도록 플랫폼을 제품군의 공통적인 부분과 가변점으로 구성된 산출물을 개발하는 단계이다. 플랫폼 개발 공정은 그림 3-1과 같이 다섯 단계로 구성된다.

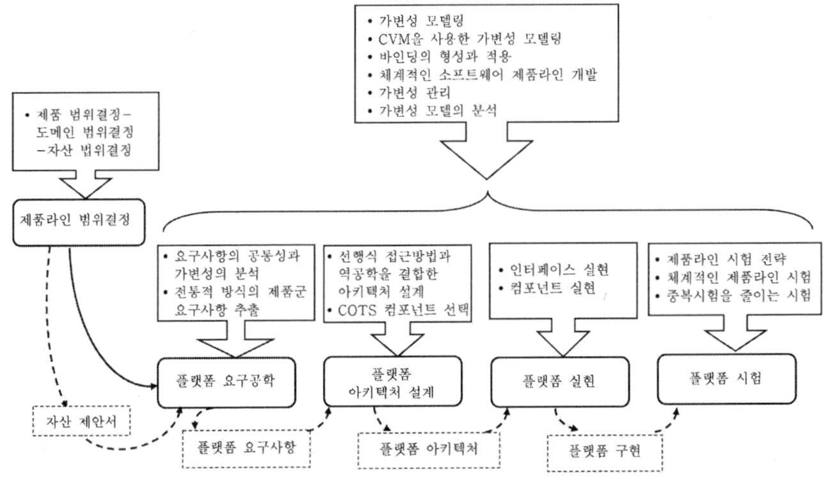

그림 3-1. 플랫폼 개발 공정

3.1 가변성 모델링 및 가변성 관리

SPLD가 단일 제품의 개발과 다른 점은 하나의 제품이 아닌 제품군을 개발하고, 따라서 그들의 공통성/가변성을 분석해서 공통성을 최대한 재사용한다는 점이다. 그렇기 때문에 가변성의 모델링 및 관리는 SPLD를 특징짓는 핵심기술이다. 따라서 플랫폼 개발을 위한 첫 번째 SPLD 기법으로 논의한다.

■ T_PL_1: 가변성 모델링

A) 용도

SPLD에서 *가변성 모델*(variability model)은 제품라인 산출물들의 가변성을 추상화하여 통합적이고 명시적으로 정의하고, 이를 통해 각 제품을 위한 산출물들을 결정하고 만들어 나가는데 중심적인 역할을 수행한다.[39]

B) 절차

가변성의 유형[40]

제품군의 공통 부분과 가변 부분의 개념은 다음 정의에서와 같이 보다 명확히 구분할 수 있다.

---

39. T_PL_2: CVM을 사용한 가변성모델링 B)에서 다시 언급하지만, 피처모델과 가변성 모델의 구별은 매우 중요하다. 피처모델은 피처수준의 가변성 모델이다. 그러나 가변성 모델은 피처모델에 그치지 않고, 설계 수준, 코드 수준 혹은 시험 수준의 가변성 모델 등 다양한 가변성 모델이 있다.

40. 이 절의 내용은 [강성원 17] 제 I부 2장 서두와 3장 3.1.2절에서 가져왔다.

정의 3.1-1. (공통 부분, 공유 부분, 제품 특정 부분, 가변 부분)

제품군의 *공통 부분(common part)*은 제품군의 모든 제품들이 공유하는 부분을 말한다. 제품군의 *공유 부분(shared part)*은 제품군의 두 개 이상의 제품이 공유하는 부분을 말한다. 제품군의 *제품 특정 부분(product-specific part)*은 한 제품이 가지고 있지만 다른 제품에 의하여 공유되지 않는 부분을 말한다. 제품군의 공유 부분과 제품 특정 부분을 함께 일컬어 *가변 부분(variable part)*이라고 한다.

예제 3.1-1.

세 개의 제품 A, B, C는 각각 {0, 1, 2, 3, 4, 5, 6}의 부분집합으로 구성된다. 각 제품의 부분들은 다음과 같다.

부분 / 제품	0	1	2	3	4	5	6
A	√	√	√		√		
B	√	√		√		√	
C	√		√	√			√

* '√'는 해당 요소의 해당 제품에 대한 포함을 나타내며, 빈 칸은 해당 요소의 해당 제품에 대한 불포함을 나타낸다.

이 세 제품의 공통 부분, 공유 부분, 제품 특정부분은 다음과 같다:

공통성 (공통 부분) : 0

가변성 (공유 부분) : 1, 2, 3

가변성 (제품 특정부분) : 4, 5, 6

가변성의 표현

가변점은 구체적인 값이 들어갈 수 있는 지점(placeholder)으로 그 지점에 들어갈 수 있는 값들의 추상화이다. 가변점의 지점에 들어갈 수 있는 값을 가변값이라고 부른다. 가변값은 제품 산출물의 어떤 *타입*의 요소 혹은 특정 부분이다. 가변점의 가변값을 그 가변점에 속하는 가변값이라고 말한다.

[강성원 17]에서는 가변성 기술언어를 VDL(Variability Description Language)이라고 부르고, VDL이 표현하는 가장 기본적인 가변성을 *택일(擇一)가변성*(Alternative variability 혹은 Exclusive_or variability)로 정의하고 있다. 택일가변성은 일련의 가변값들 가운데 하나만을 선택하도록 한다.

택일가변성의 특수한 경우로 *선택가변성*(Optional variability)이 있다. 선택가변성은 (null이 아닌) 하나의 가변값과 "가변값이 없음"을 나타내는 null 중 하나만을 선택하도록 하는 가변성이다. null이 선택되는 경우는 아무런 가변값이 선택되지 않는 것과 같다. 택일가변성의 또 하나의 특수한 경우는 가변값들이 서로 배타적인 집합들인 경우이다.[41] 이를 *집합택일가변성*(Collection Alternative variability) 혹은 줄여서 *집합가변성*(Collection variability)이라고 부른다. 표 3.1-1은 이 세 가지 가변성 유형의 의미와 선언구문을 정의한다.

표 3.1-1. 가변성 유형과 선언 구문

가변성 유형	가변성의 의미	가변점 선언 구문
택일가변성	가변값 v1, ... vk들 중 하나만이 가변점 vp 의 값으로 선택됨	vp: v1, ... vk
선택가변성	null이 아닌 가변값 v와 null 중 하나만이 가변점 vp 의 값으로 선택됨	vp : v, null
집합가변성	가변점 vp 는 집합타입이고, vp 의 가변값 v는 어떤 요소들의 집합 {e1, ... , ek} 의 부분집합이다.	vp: v ∈{e1, ..., ek} v에 대한 제약사항의 리스트

41. 이 경우 집합들은 같은 종류의 요소들의 집합들이라고 가정한다.

예제 3.1-2. (택일가변성, 선택가변성, 집합가변성)

요소 0, 1, 2, 3, 4, 5, 6, 7들로부터 만들어지는 제품군에 대하여 다음의 요구사항이 있다고 하자:

R1) 요소 0은 모든 제품에 포함되어야 한다.
R2) 요소 1, 2, 3 중에는 정확히 하나만이 제품에 포함될 수 있다.
R3) 요소 4, 5, 6 중에는 정확히 두 개만이 제품에 포함된다.
R4) 요소 7은 제품에 포함될 수도 있고 포함되지 않을 수도 있다.

그러면 이 제품군은 R1에 의해 0을 공통요소로 하여 제품별로 달라지는 세 개의 가변 부분을 갖는다. 첫 번째 가변 부분은 R2에 의해1, 2, 3을 가변값 중 하나를 갖는 택일가변성이다. 두 번째 가변성은 {4, 5}, {5, 6}, {4, 6}의 가변값 중 하나를 갖는 택일가변성인데, 이 가변값들은 각각 요소들의 집합이어서 이 가변성은 택일가변성인 동시에 집합가변성이다. 세번째 가변성은 요소 7을 포함할 수도 있고 포함하지 않을 수도 있는 가변성으로 선택가변성이다. R1~R4의 요구사항이 주어졌을 때, 이 제품군의 요구사항들을 충족시키는 제품들의 총 개수는 3 × 3 × 2 = 18개가 된다.

공통성 기술언어의 도출

플랫폼 개발을 위해서는 제품라인의 가변성뿐만 아니라 공통성도 함께 모델링 되어야 한다. 공통성은 제품군의 모든 제품에 공통적인 부분을 말하고, 가변성은 제품별로 달라지는 부분을 말한다. 제 I부 3장에서 플랫폼을 개별 제품들을 인스턴스로 도출할 수 있도록 제품군의 공통적인 부분과 제품군의 가변점으로 구성된 산출물로 정의하였다. 따라서 산출물 유형별로 공통성 기술언어로는 모든 제품에 공통적인 부분과 더불어 가변적 부분의 추상화로서의 가변점들을 표현할 수 있어야 하고, 가변성 기술언어로는 가변점들의 가변값들을 표현할 수 있어야 한다. 공통성 기술언어로 표현된 모델과 가변성 기술언어로 표현된 모델은 가변점들을 통해서 서로 연결된다.

공통성 기술언어를 용이하게 체계적으로 정의하는 방법은 이미 제품 모델링에 사용되는 언어를 확장하여 정의하는 방법이다. 그림 3.1-1은 기존의 제품 산출물의 모델링 언어를 PAML[42]이라고 할때 PAML을 확장한 플랫폼 산출물의 공통성 기술언어 CDL_{PAML}을[43] 만드는 절차를 보여준다.

입력: 제품 산출물 모델링 언어 PAML
출력: 공통성 기술언어 CDL_{PAML}

1) 공통 부분의 표현을 위하여 PAML 언어 전부를 도입한다.
2) 가변점을 표현하기 위한 기호를 결정한다.
3) 가변점은 아니지만 가변성을 담고 있는 요소를 가변성을 담고 있지 않은 요소와 구별되도록 할 필요가 있을 경우, 이를 위한 새로운 기호를 정의한다.
4) 가변점 또는 가변값 간의 가변성 제약사항을 표 3.1-2의 가변성 제약사항 표기법으로 표현한다.

그림 3.1-1. 공통성 기술언어의 도출

가변점들과 가변값들 간의 의존관계를 *가변성 제약사항*(variability constraints)이라고 부른다. 가변성 제약사항은 단일 제품의 산출물에는 나올 수 없지만, 플랫폼 산출물에서 플랫폼 산출물 요소들 간의 공존관계 혹은 배타적 관계를 요구한다. 플랫폼 산출물에 표현된 가변성 제약사항[44]은 궁극적으로 제품군의 제품들이 충족시켜야 하는 조건이기 때문에 이들은 모든 제품에 적용되는 공통성의 표현이다.

---

42. "PAML"은 "Product Artifact Modeling Language"의 머리글자이다.

43. "CDL"은 "Commonality Description Language"의 머리글자이다.

44. 가변성 제약사항이 가변적인 부분에 대한 제약만을 하는 것은 아니다. 기본적인 모델에서 표현되지 않는 세밀한 조건을 표현하는 방법으로, "제약사항"으로 말하는 것이 더 적절하다고 볼 수 있으나, 이미 문헌에서 많이 사용되는 용어이기 때문에 이 책에서 그대로 사용하였다.

표 3.1-2. 가변성 제약사항의 표기법[45]

구문	의미
x req y	x 가 산출물의 요소이면 y도 그 산출물의 요소이다.
x req {y1,...,yn}	x req y1∧ . . . ∧ x req yn
x excl y	x가 산출물의 요소이면 y는 그 산출물의 요소가 될 수 없다.
x excl {y1,...,yn}	x excl y1∧ . . . ∧ x excl yn
x m-req y	x req y∧ y req x //"mutually require"로 읽는다.
x m-excl y	x excl y∧ y excl x //"mutually exclude"로 읽는다.

표 3.1-2에서 x와 y는 가변점 또는 가변값을 나타낸다. 동일한 가변값이 여러 가변점에 속할 수 있기 때문에, 가변값 v를 언급할때 v가 어느 가변점에 속하는 가변값을 말하는지 명시하기 위하여 해당 가변점 vp를 포함하여 vp.v의 형태로 기술해 주어야 한다. 가변점의 명시 없이 가변값 만을 표기한 경우에는 해당 제약사항은 특정 가변점에 국한되지 않는 그 가변값에 대한 일반적인 제약이다. v req vp의 경우 vp가 선택가변점이면, 이는 v가 vp의 null이 아닌 가변값을 요구함을 의미한다.

가변성 기술언어의 도출

가변성 모델링 언어의 정의도, 공통성 모델링 언어의 경우와 마찬가지로 제품 모델링에 사용되는 기존의 언어를 확장하여 체계적으로 용이하게 만들 수 있다. 그 이유는 모델링하고자 하는 가변점의 가변값들이 기본적으로 제품 모델의 어떤 타입의 요소 혹은 특정 부분에 해당되기 때문이다.[46] 그림 3.1-2는 기존의 제품 산출물의 모델링 언어 PAML을 확장하여 플랫폼 산출물의 가변성 기술언어 VDL_{PAML}[47]을 만드는 절차를 보여준다.

---

45. 표 3.1-2는 [강성원 17]이 제시하는 직교적 공통성 기술메커니즘 OCDM(Othogonal Commonality Description Mechanism)의 가변성 제약사항의 표기법이다.
46. 여기서는 설명을 단순화하기 위하여 이와 같이 말하였으나, 엄밀하게 말하면 가변점의 가변값에 플랫폼 요소가 될 수도 있고 이는 앞에서 논의된 공통성 기술언어를 써서 표현할 수 있다.
47. "VDL"은 "Variability Description Language"의 머리글자이다.

입력: 제품 산출물 모델링 언어 PAML
출력: 가변성 기술언어 VDL_{PAML}

1) CDL_{PAML} 의 가변점 기호들을 VDL_{PAML} 에 포함시킨다.
2) 가변값을 표현하기 위해 PAML[48]를 사용한다.
3) 가변점과 가변값 간의 관계를 기술하기 위하여 표 3.1-1의 가변점 선언 구문을 사용한다.

그림 3.1-2. 가변성 기술언어의 도출

플랫폼 산출물 모델링 언어

제품라인 개발을 위해서는 제품을 위한 산출물이 되는 플랫폼 개발 단계들의 모든 종류의 산출물에 가변성이 요구될 수 있으며, 이 경우 플랫폼 산출물은 가변성모델링이 필요하다. 기존의 제품 산출물의 모델링 언어 PAML로부터 얻어진 CDL_{PAML}과 VDL_{PAML}를 합하면 플랫폼 산출물 모델링 언어 $PfAML_{PAML}$[49]가 된다.

C) 파급효과

앞에서 논의된 공통성 기술언어와 가변성 기술언어의 도출 방법은 SPLD 도입 단계의 공통성/가변성 분석 단계부터 모든 종류의 플랫폼 산출물을 위하여 적용될 수 있다. SPLD 착수 준비부터 플랫폼 개발의 공정이 진행되며 가변성이 새로이 추가되고 정제되기 때문에, 도출된 가변성 기술언어들은 플랫폼 산출물의 기술뿐 아니라 개발 공정 단계의 가변성 모델 간 관계를 나타내는데에도 이용된다.

D) 참고문헌

플랫폼 산출물 모델링 언어에 대한 추가적인 설명은 [강성원 17]의 제 I부 5장을 참고하라. [Pohl 05]Section 4.6.7은 본 절에서 소개한 가변성 표현을 위한 표기법의 예를 설명하고 있다.

---

48. 엄밀하게는 "PAML과 $PfAML_{PAML}$"이 되어야 한다.
49. PfAML은 Platform Artifact Modeling Language의 약어이다.

■ T_PL_2: CVM을 사용한 가변성 모델링

A) 용도

CVM(Composite Variability Modeling: 합성적 가변성 모델링)은 플랫폼 산출물의 가변성을 도형적으로 표현하는 방법이다. 이 모델링 방법을 "합성적"이라고 말하는 이유는 이 방법이 모델을 부분적으로 정의할 수 있게 하고 전체 모델을 부분 모델들을 합성하여 얻을 수 있게 하기 때문이다.

B) 절차

가변성의 CVM 표현

표 3.1-3은 표 3.1-1의 각 가변성 유형의 CVM 표현을 보여준다.

표 3.1-3. 가변성의 CVM 표현

가변성 유형	CVM 표현
택일가변성	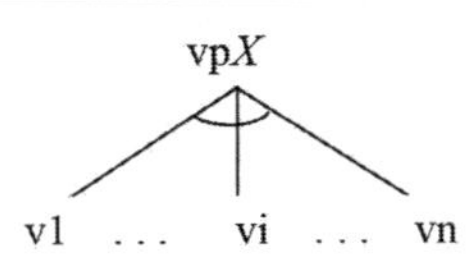
선택가변성	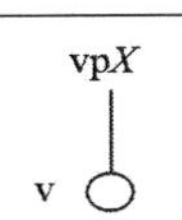
집합가변성	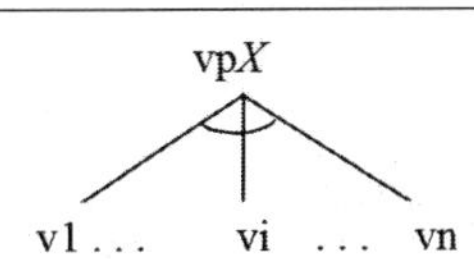

표 3.1-4는 표 3.1-2의 각 제약사항의 CVM 표현을 보여준다.

CVM은 가변점의 이름을 vp로 시작하여 가변점의 식별을 용이하게 하는 명명방식을 도입한다. 또한 복잡한 가변성이 있는 경우 가변점의 가변값 안에 가변성이 들어 있을 수 있는데, 이러한 가변값은 가변값 이름에 밑줄을 그어 가변성이 들어 있음을 쉽게 식별할 수 있게 한다.

표 3.1-4. 제약사항의 CVM 표현

제약사항의 유형	CVM 표현
x req y	x --req--> y
x req {y1,...,yn}	--req--> {y1, ..., yn}
x excl y	x --excl--> y
x excl {y1,...,yn}	--excl--> {y1, ..., yn}
x m-req y	x <--m-req--> y
x m-excl y	x <--m-excl--> y

플랫폼 산출물들을 정의하기 위해서는 순수한 가변성 이외에도 개발 산출물에서 자주 사용되는 요소들 간의 관계를 가변성과 함께 표현해 주어야 한다. 표 3.1-5는 개발 산출물에서 자주 사용되는 일반적인 관계의 CVM 표기법을 보여준다.

표 3.1-5. 요소들의 일반적인 관계의 CVM 표현

요소간의 관계	CVM 표현
포함관계 (e가 e1, e2, ... , .en을 포함한다.)	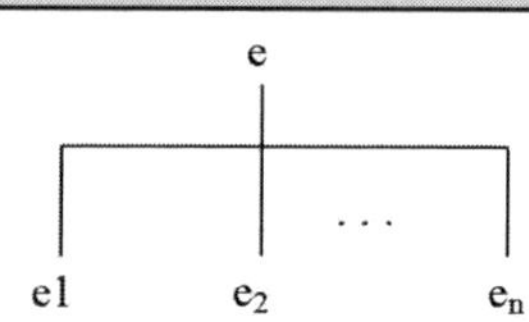
상속관계 (e1,e2,...,.en을 e로부터 상속한다.)	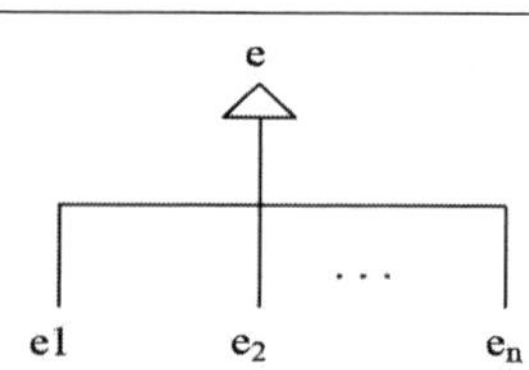
의존관계 (e1은 e2에 의존한다.)	e1 ---------> e2

표 3.1-5의 의존관계의 특별한 종류가 표 3.1-4의 제약사항들이다.

예제 3.1-3.

다음의 자연어로 기술된 제품군 F1의 명세를 고려하자:

제품군 F1의 피처수준 명세

Car는 Car_Body를 포함하고, Transmission으로 Automatic 혹은 Manual 둘 중의 하나만을 포함하고, Gasoline 엔진은 반드시 장착하고, Electric 엔진은 (선택적으로) 장착할 수도 있고 장착하지 않을 수도 있으며, Trailor_Coupling을 선택적으로 가질 수 있다. Manual Transmission을 가진 Car만이 Trailor_Coupling을 장착할 수 있다.

제품군 F1을 피처수준에서 CVM으로 아래와 같이 모델링 할 수 있다.

제품군 F1의 CVM 기본모델

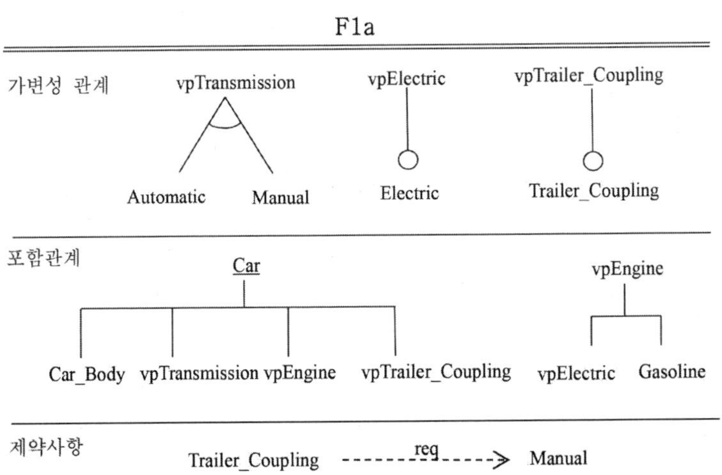

F1a의 모델에서 Car에 밑줄이 그어져 있는 이유는 Car가 가변성이 들어 있는 요소이기 때문이다.

예제 3.1-3의 CVM 모델은 가변성 관계와 포함 관계의 각 관계의 범주별로 해당 관계가 표현되어 있어서, *독립적 모델* 혹은 *기본 모델*이라고 부르기로 한다. 이 모델에 나온 관계들 외에도, 구현 관계, 일반화/특수화 관계 등도 사용자의 니즈에 따라 CVM 모델에 포함될 수 있다.

CVM 뷰의 구축

필요한 경우, CVM 기본모델로부터 관심의 대상이 되는 관계들을 결합하여 다양한 뷰들을 구축할 수 있다. 그림 3.1-3은 CVM 뷰의 구축절차를 기술한다.

단계 1. 가장 높은 우선순위를 갖는 관계로 최초의 뷰를 형성한다.
단계 2. 그 다음 우선순위를 갖는 관심대상의 관계를 기 구축된 뷰에 다음과 같이 연결한다:
2.1 새로운 관계의 root 노드를 기구축된 뷰의 같은 이름의 leaf 노드에 연결한다.
2.2 모든 관심의 대상이 되는 관계들이 기 구축된 뷰에 포함될 때까지 단계 2를 반복한다.

그림 3.1-3. CVM 뷰의 구축 절차

예제 3.1-4.

그림 3.1-3의 구축절차에 의해 예제 3.1-3의 F1a로부터 포함관계, 가변성관계와 제약사항을 결합한 뷰를 아래와 같이 구축할 수 있다.

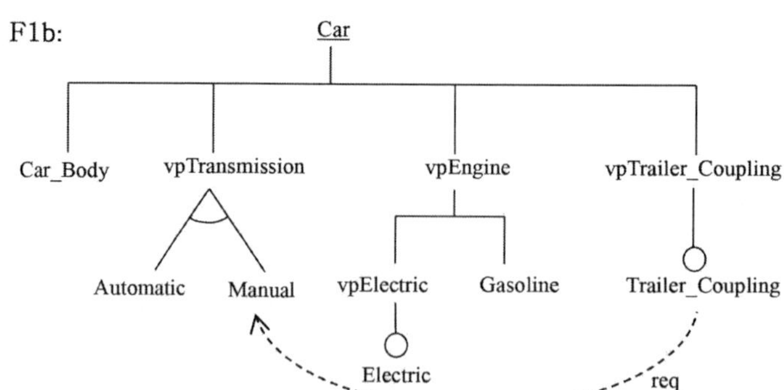

C) 파급효과

[Kang 90]에 따르면 피처는 "사용자가 볼 수 있는, 시스템의 두드러진 구별되는 특징"[50]이다. 피처라는 용어는 요구사항과 밀접히 관련되지만, 요구사항보다 추상수준이 더 높은 특징을 지칭하기 위하여 사용된다. 특히 이 경우 피처를 "외부 피처(external feature)"라고 부른다. 피처라는 용어가 이와 같이 사용되면서 그 결과 자연스럽게 다양한 고객의 선택의 폭을 나타내는 특징의 의미로 사용되게 되었고, 피처 추상수준의 가변성을 나타내는 방법이 피처모델(FM)로 제시되었다. 그러나 소프트웨어 제품라인 기술에서 가변성은 피처 이외의 다른 수준에서도 얼마든지 나타날 수 있다. 예를 들어 가변성은 요구사항에서 발생할 수도 있고 코드에 들어 있을 수도 있다. 즉, 피처모델은 피처수준의 가변성만을 표현하는데 비해, 가변성 모델링은 피처를 포함하여 모든 가변성이 대상이 된다. 산출물을 위한 모델링 방법과 함께 사용함으로써 CVM은 피처모델 뿐 아니라 다양한 유형의 산출물의 가변성을 도형적으로 표현하는데 이용될 수 있다.

D) 참고문헌

CVM에 대한 자세한 내용은 [강성원 18]을 참고하라. [강성원 18]에서 소개한 Composite Feature Modeling(CFM)은 기본적으로 CVM과 같은 합성적 가변성 모델링 언어로, CFM은 적용 대상을 피처로 하여 위 논문에서 소개되었으나 적용대상을 모든 플랫폼 산출물의 가변성으로 확대하면 CVM과 동일하다.

■ T_PL_3: 바인딩의 형성과 적용

A) 용도

가변성 모델은 잠재적으로 여러 제품을 (특정 유형의 산출물 수준에서) 정

---

50. "A prominent and distinctive user-visible characteristic of a system"

의하는 모델이기 때문에, 이를 제품 개발에 이용하기 위해서는 가변성 모델로부터 특정한 제품을 위한 구체적 모델을 추출해야 한다. 이 과정이 *인스턴스화*이며 그 구체적 모델을 *가변성 모델의 인스턴스*(instance)라고 부른다. SPLD가 추구하는 인스턴스화에 의한 제품 개발은 바인딩의 형성과 적용을 통하여 실현된다.

B) 절차

플랫폼 개발의 각 단계에, 해당 단계의 플랫폼 산출물로부터 계획된 제품의 해당 단계의 제품 산출물을 생성하기 위한 바인딩을 제품별로 정의한다.[51] 그리고 정의된 바인딩을 제품 개발의 해당 단계에 적용하여 제품 산출물을 얻는다.

바인딩의 형성과 바인딩의 적용이라는 산출물에 대한 연산(operation)을 명확히 정의하기 위하여 먼저 바인딩을 구성하는 '*대입*(substitution)'의 정의와 '바인딩(binding)'의 정의가 필요하다.[52]

정의 3.1-2. (대입)

vpY가 플랫폼 산출물 $X_{Platform}$의 가변점이고 Y가 vpY의 가변값 중 하나이면, vpY에 Y의 *대입*을 vpY\Y로 표시하고 이 대입을 $X_{Platform}$에 적용하여 얻어진 산출물 $X_{Platform}'$은 vpY가 있는 모든 곳에 Y가 있는 것을 제외하고는 $X_{Platform}$과 동일하다.'

51. 플랫폼 개발의 모든 단계에서 바인딩이 정의되어야 하는 것은 아니다. 바인딩을 정의하는 플랫폼 개발의 단계는 제품라인 개발 전략에 따라 결정된다.

52. 이 절의 내용은 [강성원 17] 제 I부 4장 서두와 4장 4.1절에서 가져왔다.

정의 3.1-3. (바인딩)

플랫폼 산출물 $X_{Platform}$에 대한 *제품 산출물 X_P의 바인딩*은 $X_{Platform}$의 모든 가변점 vpYi에, 1≤ i ≤ n, 대한 대입의 집합으로, vpYi의 XP를 위한 가변값이 Yi_{ji}일 때

$$[vpY1\backslash Y1_{j1},\ldots,vpYn\backslash Yn_{jn}]$$

으로 표현된다.

바인딩의 형성

제품 산출물을 위한 바인딩을 정의하는 행위를 *바인딩의 형성*이라고 부른다. 다음은 바인딩의 형성과 바인딩 형성의 결과로서의 바인딩의 예를 보여준다.

예제 3.1-5. (바인딩의 형성과 바인딩)

세 개의 계획된 제품으로 이루어진 제품군 F = {P1, P2, P3}가 있다. P1은 피처 f1, f2, f4로, P2는 피처 f1, f2, f5로, P3는 피처 f1, f3, f5로 구성되어 있다. (따라서 P1 ={f1, f2, f4}, P2 = {f1, f2, f5} 이고 P3 ={f1, f3, f5}이다.) vpf23이 f2 혹은 f3을 가변값으로 갖는 가변점이고, vpf45가 f4 혹은 f5를 가변값으로 갖는 가변점이면, F를 위한 피처 플랫폼 (혹은 플랫폼 수준의 피처집합) $F_{Platform}$을 "f1과 vpf23과 vpf45(즉 {f1, vpf23, vpf45})"로 정의할 수 있다. 그러면 P1, P2, P3를 위해 형성된 피처 바인딩은 각각 [vpf23\f2, vpf45\f4], [vpf23\f2, vpf45\f5]와 [vpf23\f3, vpf45\f5]가 된다.

바인딩의 적용

바인딩의 적용의 정의는 다음과 같다.

정의 3.1-4. (바인딩의 적용)

플랫폼 $X_{Platform}$과 제품 P의 산출물 타입 X에 대한 제품 바인딩 $\mathcal{B}_{XP}$가 주어졌을 때, $\mathcal{B}_{XP}$를 $X_{Platform}$에 적용한 결과는 $X_{Platform}$의 가변점들에 $\mathcal{B}_{XP}$에 명시된 대응되는 가변값을 대입한 결과이고, 이를 다음과 같이 표기한다:

$$(X_{Platform})\ \mathcal{B}_{XP}$$

예제 3.1-6. (바인딩의 적용)

예제 3.1-5의 제품 P1, P2, P3의 경우, 이들의 플랫폼 피처

$$F_{Platform} = \{f1, vpf23, vpf45\}$$

에 같은 예제에서 형성된 이들 제품의 피처 바인딩 [vpf23\f2, vpf45\f4], [vpf23\f2, vpf45\f5], [vpf23\f3, vpf45\f5]를 적용하면,

$$F_{P1} = F_{Platform}[vpf23\backslash f2, vpf45\backslash f4] = \{f1,f2,f4\}$$

$$F_{P2} = F_{Platform}[vpf23\backslash f2, vpf45\backslash f5] = \{f1,f2,f5\}$$

$$F_{P3} = F_{Platform}[vpf23\backslash f3, vpf45\backslash f5] = \{f1,f3,f5\}$$

가 된다.

위의 예에서와 같이 플랫폼 산출물에 해당 산출물의 제품 바인딩을 적용하여 얻어진 제품 산출물이 플랫폼 산출물의 인스턴스이다. 위의 예에서 제품 피처 모델 FP1, FP2, FP3은 플랫폼 피처 모델 $F_{Platform}$로부터 생성된 P1, P2, P3를 위한 인스턴스들이다.

C) 파급효과

플랫폼 산출물의 개발과 제품별 바인딩의 정의에는 상당한 노력이 들어가

지만, 제품 산출물들이 바인딩의 적용이라는 간단한 연산으로 만들어질 수 있어서 이 노력이 상쇄된다. 변경이 발생할 때에도, 플랫폼 산출물과 변경과 관련된 바인딩 정보만을 수정하여 변경을 반영할 수 있어 제품 산출물별로 변경을 반영해야 할 경우에 들어가는 노력을 크게 줄일 수 있다.

D) 참고문헌

자세한 내용은 [강성원 17]제 I부 4장 서두와 4장 4.1절을 참고하라.

■ T_PL_4: 체계적인 소프트웨어 제품라인 개발

A) 용도

체계적인 소프트웨어 제품라인 개발(Systematic Software Product Line Development: SSPLD)은 소프트웨어 제품라인 개발을 위한 개발 패러다임이다. 소프트웨어 제품라인 개발과 단일 소프트웨어 개발과의 가장 큰 차이점은 소프트웨어 제품라인의 요구사항, 아키텍처, 구현 등의 개발 산출물에 제품군의 가변성을 다루기 위한 가변점들이 포함된다는 것이다. SSPLD는 소프트웨어 제품라인 개발을 체계적으로 수행하기 위하여 가변점은 해당 가변점을 포함하는 개발 산출물에 의해 결정되는 타입을 갖는다고 본다.

이러한 시각의 결과로 같은 이름의 가변점이 두 개의 서로 다른 타입의 산출물에 등장하였을 경우 그들은 서로 다른 타입의 가변점들이고 서로 다른 가변점들이다. 같은 이름을 가진 서로 다른 타입의 가변점들을 동일시하는 것은 그들이 일대일(1대 1) 맵핑 관계에 있을때에만 타당하고 일반적으로는 그렇지 않다. SSPLD의 이와 같은 시각은 소프트웨어 개발이 요구사항, 아키텍처 설계, 구현으로 진행되는 상세화 과정이며 이 과정에 요구사항의 개념들이 특정한 구성을 갖는 코드 모듈들로 구체화되기 때문에 소프트웨어 개발에 대한 적절한 시각이다.

소프트웨어 개발에서 요구사항의 요소들은 아키텍처 설계 요소들로, 아키텍처 설계 요소들은 구현의 요소들로 서로 *추적성*(traceability)으로 연결되기 때문에, 가변점이 타입을 갖는다고 보는 SSPLD의 시각은 인접한 개발 단계의 산출물들의 가변점들도 서로 추적성으로 명시적으로 연결될 것을 요구한다.

B) 절차

SSPLD의 개발 공정은 SPLD의 제품라인 범위결정이 이미 수행된 상태에서 나머지 단계들을 수행한다. 그림 3.1-4는 SSPLD의 개발 공정 모델을 보여준다. 그림 3.1-4의 개발 공정 모델은 제품 라인 범위결정 단계를 제외하고는 제 I부 3장 그림 3-1의 SPLD의 공정모델과 동일한 개발 단계들을 갖는다. 그림 3.1-4는 공정 단계들을 보여주는 대신 해당 단계의 산출물들과 그들의 관계를 보여준다. 이 관계들은 산출물 인스턴스화 메커니즘과 산출물 추적성 메커니즘에 의해 만들어 진다.

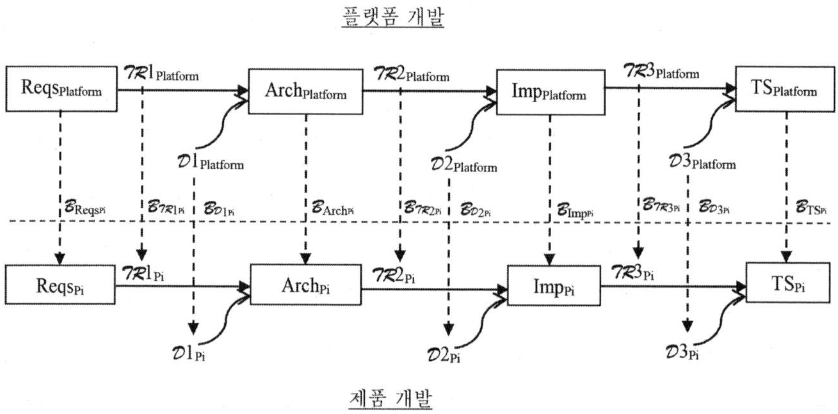

그림 3.1-4. SSPLD 공정의 개요도[53]

53. 이 SSPLD 공정 개요도는 [강성원 17] 제 I부 2장 그림 2-1의 SSPLD 공정 개요도와 약간 다르다. 이 장의 그림 2-1은 $Service_{Platform}$과 $Service_{Pi}$를 포함하지 않았고 대신 시험스위트 $TS_{Platform}$과 TS_{Pi}를 포함한다. 그 이유는 [강성원 17]는 SSPLD 소개를 가능한한 단순하게 하기 위해 시험단계를 생략하였고, 이 책에서는 제 I부 3장 그림 3-1의 SPLD의 공정모델과 일치하도록 시험단계를 포함하였기 때문이다. 그러나 이 두 개요도는 둘 다 SSPLD의 원칙들을 전달하기 위한 같은 내용의 개요도이다.

SSPLD의 산출물 인스턴스화 메커니즘

개발 단계의 주 산출물들은 표 3.1-6과 같다. 제품 산출물은 해당 타입의 산출물의 제품별 바인딩이 정의되어 이 바인딩의 적용에 의해 플랫폼 산출물로부터 인스턴스화로 생성된다.

표 3.1-6. SSPLD 공정의 주 산출물들

플랫폼 산출물 명칭	설명	바인딩 명칭	설명	제품 산출물 명칭	설명
$Reqs_{Platform}$	플랫폼 요구사항	$\mathcal{B}_{ReqsPi}$	제품 Pi를 위한 요구사항 바인딩	$Reqs_{Pi}$	제품 Pi의 요구사항
$Arch_{Platform}$	플랫폼 아키텍처	$\mathcal{B}_{ArchPi}$	제품 Pi를 위한 아키텍처 바인딩	$Arch_{Pi}$	제품 Pi의 아키텍처
$Imp_{Platform}$	플랫폼 구현	$\mathcal{B}_{ImpPi}$	제품 Pi를 위한 구현 바인딩	Imp_{Pi}	제품 Pi의 구현
$TS_{Platform}$	플랫폼 시험	$\mathcal{B}_{TSPi}$	제품 Pi를 위한 시험스위트 바인딩	TS_{Pi}	제품 Pi의 시험스위트

그 외의 산출물들은 표 3.1-7에 나온다. 이 산출물들의 경우에도 주 산출물의 경우와 마찬가지로, 해당 산출물의 제품별 바인딩을 정의한 후 플랫폼 산출물에 그 바인딩을 적용하여 플랫폼 산출물의 인스턴스로 제품 산출물을 얻는다. 그 외에도 아키텍처, 구현, 시험스위트[54]의 개발 산출물들은 각 개발 단계에서 내려진 결정들, 즉 아키텍처 설계 결정들, 구현 결정들, 시험 결정들에 의해 각각 만들어진다. SSPLD는 각 개발 단계에서 내려진 결정들을 명시적 산출물($\mathcal{D}$로 나타낸다)로 정의할 것을 요구한다.

54. 시험 항목들의 집합

표 3.1-7. SSPLD 공정의 주 산출물 이외의 산출물들

플랫폼 산출물 명칭	설명	바인딩 명칭	설명	제품 산출물 명칭	설명
$\mathcal{TR}1_{\text{Platform}}$	플랫폼 요구사항-아키텍처 추적성	$\mathcal{B}_{\mathcal{TR}1\text{Pi}}$	제품 Pi를 위한 요구사항-아키텍처 추적성 바인딩	$\mathcal{TR}1_{\text{Pi}}$	제품 Pi의 요구사항-아키텍처추적성
$\mathcal{TR}2_{\text{Platform}}$	플랫폼 아키텍처-구현 추적성	$\mathcal{B}_{\mathcal{TR}2\text{Pi}}$	제품 Pi를 위한 아키텍처-구현 추적성 바인딩	$\mathcal{TR}2_{\text{Pi}}$	제품 Pi의 아키텍처-구현 추적성
$\mathcal{TR}3_{\text{Platform}}$	플랫폼 구현-시험스위트 추적성	$\mathcal{B}_{\mathcal{TR}3\text{Pi}}$	제품 Pi를 위한 구현-시험스위트 추적성 바인딩	$\mathcal{TR}3_{\text{Pi}}$	제품 Pi의 구현-시험스위트 추적성
$\mathcal{D}1_{\text{Platform}}$	플랫폼 아키텍처 설계 결정	$\mathcal{B}_{\mathcal{D}1\text{Pi}}$	제품 Pi를 위한 아키텍처 설계 결정 바인딩	$\mathcal{D}1_{\text{Pi}}$	제품 Pi의 아키텍처 설계 결정
$\mathcal{D}2_{\text{Platform}}$	플랫폼 구현 결정	$\mathcal{B}_{\mathcal{D}2\text{Pi}}$	제품 Pi를 위한 구현 결정 바인딩	$\mathcal{D}2_{\text{Pi}}$	제품 Pi의 구현 결정
$\mathcal{D}3_{\text{Platform}}$	플랫폼 시험 결정	$\mathcal{B}_{\mathcal{D}3\text{Pi}}$	제품 Pi를 위한 시험 결정 바인딩	$\mathcal{D}3_{\text{Pi}}$	제품 Pi의 시험 결정

SSPLD의 산출물 추적성 메커니즘

SSPLD는 개발의 한 단계와 다음 단계 사이의 산출물들의 요소들을 연결하는 추적성을 명시적 산출물($\mathcal{TR}$로 나타낸다)로 정의할 것을 요구한다. 플랫폼 추적성은 가변점이 아닌 요소들 사이의 연결뿐 아니라 가변점 간의 연결, 그리고 가변점과 가변점이 아닌 요소들 간의 연결을 포함하고, 제품 추적성은 가변점이 아닌 요소들 사이의 연결만을 포함한다.

생성적 제품라인과 비생성적 제품라인

위의 SSPLD의 논의는 생성적 제품라인을 가정한 논의였다. *생성적 제품라인*은 제품군의 모든 제품 산출물이 플랫폼 산출물들의 인스턴스화에 의하여 만들어질 수 있는 제품라인을 말한다. SSPLD는 생성적 제품라인뿐 아니라 *비생성적 제품라인*에도 적용된다. 비생성적 제품라인의 경우에는 플랫폼 산출물로부터 생성되지 않는 대상 제품을 개발하기 위하여 플랫폼으로부터 생성할 수 있는 대상 제품에 가장 근접한 제품을 먼저 생성한뒤 생성된 제품과 대상 제품 간의 차이만을 개발하거나 또는 이미 개발된 제품과의 차이만을 개발함으로써 해당 제품을 효율적으로 개발할 수 있다.[55]

C) 파급효과

SSPLD는 각 가변점이 그것을 포함하는 산출물에 의해 결정되는 타입을 가진다고 보기 때문에, 큰 규모의 제품라인도 체계적으로 관리할 수 있게 해준다. 추적성은 산출물의 요소들 간의 연결 정보를 담고 있어, 제품의 유지보수와 진화 시 변경이 필요한 부분을 쉽게 식별하게 해주기 때문에 정확히 정의되고 관리되어야 한다. SSPLD를 큰 규모의 제품라인에 실용적으로 적용하기 위해서는 가변성과 추적성의 모델링과 관리를 지원하는 도구의 지원을 받아야 한다.

D) 참고문헌

[강성원 17]은 SSPLD 를 포괄적으로 소개한 책이다.

■ T_PL_5: 가변성 관리

A) 용도

가변성 관리는 정의된 가변성과 가변성 제약조건, 바인딩 정보와 가변성 모

55. 제 4장 4.1절의 제품 요구공학의 논의는 이 후자의 경우에 해당되며 여기서 말하는 차이가 있을 경우 그 차이를 개발하는데 대한 논의이다.

델을 구축 유지하고, 가변성에 대한 변경 발생시 이를 반영하여 가변성 정보와 가변성 모델 간의 일관성을 보장하는 활동이다[ISO26550 15]. 따라서 가변성에 대한 변경이 발생할 때 변경이 핵심 자산과 제품에 대해 주는 영향 분석과 가변성 모델의 버전 관리 등의 활동을 포함하며, 일관성 보장을 위해서는 가변성 모델을 포함한 핵심 자산과 제품 산출물 간의 추적성 구축 관리도 필요하다.

이 절에서는 가변성 관리의 이러한 주요 활동들 중 플랫폼에 포함된 가변성(혹은 이를 엄밀히 나타내는 가변점들)의 파악과 가변성 추적성 및 변경 관리를 중점적으로 설명한다.

B) 절차

플랫폼 개발단계가 진행되며 발생하는 가변성을 파악한 후, 플랫폼 산출물들로부터 제품산출물을 도출하기 위한 바인딩과 도출 방법을 정한다. 파악된 가변성은 가변성 모델로 정의된다. 가변성 모델링을 진행하면서 플랫폼 개발 단계들 간의 가변성을 추적하기 위한 플랫폼 추적성 모델들을 구축한다. 플랫폼 추적성 모델은 가변성 변경으로 인한 영향분석 및 변경의 적용에 이용된다.[56]

가변성이 발생하는 플랫폼 개발 단계들

새로운 외부가변성이나 내부가변성은 그림 3.1-5가 보여주는 바와 같이 제품라인의 범위가 결정되는 단계뿐 아니라 개발이 진행되며 개발 산출물이 *상세화*(refine)되어 가는 과정에 도입될 수 있다. 외부 가변성은 고객에게 보여지는 플랫폼 산출물의 가변성으로 고객은 구체적인 구현 문제에 관해서는 의사결정을 하지 않기 때문에 개발이 진행되며 새로이 발생하는 외부가변성의 양은 점차로 줄어들게 된다. 내부가변성은 동일한 요구사항을 충

---

56. 플랫폼 추적성 모델은 가변성의 변경뿐 아니라 공통성에서 발생하는 변경의 영향 분석에도 이용된다.

족시키기 위한 다양한 설계 결정, 동일한 설계를 구현하기 위한 다양한 구현 방법과 같은 기술적 선택들로 주로 이루어진다. 제품라인의 가변성은 그 규모도 크고 복잡도도 높을 수 있으므로 통합적이고 명시적인 가변성 모델링 방법에 의해 관리되어야 한다.

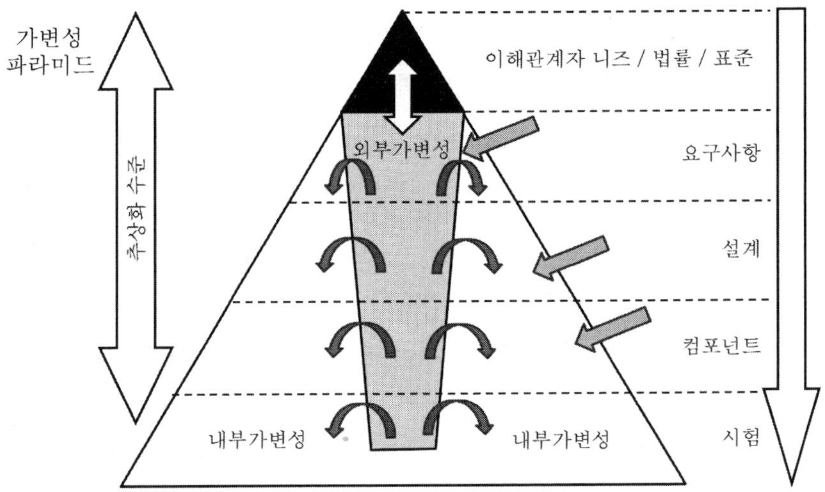

그림 3.1-5. 가변성이 발생하는 다양한 개발 단계들([Pohl 05])

가변성의 추적 및 가변성 변경 관리

플랫폼 개발에서의 가변성 추적은 같은 개발 단계의 여러 산출물 간의 가변성 추적, 인접한 개발 단계의 산출물들 간의 가변성 추적, 그리고 플랫폼의 가변성과 제품 바인딩 간의 가변성 추적의 세 가지가 있다[ISO26550 15]:

(1) 같은 개발 단계의 산출물들 간의 가변성 추적: 가변성은 같은 플랫폼 개발 단계의 여러 산출물에서 모델링될 수 있다. 예를 들어 플랫폼 아키텍처 설계 단계에서도 플랫폼 아키텍처 논리뷰, 플랫폼 아키텍처 모듈뷰를 포함한 여러 산출물이 만들어질 수 있다. 이런 경우 한 산출물의 가변성이 변경될 때 다른 산출물들에 있는 가변성과 일관

성이 유지될 수 있도록 산출물들의 가변성 간의 추적성이 수립되고 관리되어야 한다.

(2) 인접한 개발 단계의 산출물들 간의 가변성 추적[57]: 플랫폼 개발의 한 단계에서 파악된 산출물의 가변성은 플랫폼 개발이 진행되며 다음 단계의 플랫폼 산출물의 가변성으로 상세화된다. 한 단계의 산출물의 가변성에 변경이 발생할 때 변경이 영향을 미치는 다음 단계의 관련 플랫폼 산출물들의 가변성과의 일관성을 유지하기 위해, 인접한 개발 단계의 산출물들에 있는 가변성 간의 추적성은 중요하다.

(3) 플랫폼의 가변성과 제품 바인딩 간의 가변성 추적: 제품은 바인딩의 적용을 통하여 가변점들에 가변값을 대입함으로써 생성된다. 따라서 플랫폼의 가변성에 대한 변경은 가변점과 가변값의 변경/추가/제거와 이에 따른 제품 바인딩의 변경으로 반영된다. 변경이 제품에서부터 발생한 경우에는 그 영향이 관련된 가변값의 변경에 그칠 수도 있고, 나아가 가변점과 바인딩의 변경으로 반영될 수 있다.

C) 파급효과

가변성 관리의 주요 활동은 여기서 논의된 바와 같이 전체 제품라인이 정의하고 있는 가변성, 제약조건, 바인딩의 형성 시기와 적용 시기를 포함한 바인딩 정보와 더불어 가변성 모델의 생성 및 변경, 가변성의 추적성을 관리하는 것이다. 특히 가변성의 추적성 관리는 가변성 변경 관리뿐만 아니라, 변경을 반영한 바인딩 적용을 통해 제품이 지속적으로 도출될수 있게 하기 때문에 중요하다.

---

57. 인접한 개발 단계는 제 I부 3장 그림 3-1의 플랫폼 개발의 단계들 중 인접한 개발 단계들을 말한다. 요구사항과 코드 간의 추적성과 같이 인접하지 않은 단계의 산출물들 간의 (혹은 그 산출물들 안에 있는 가변성 간의) 추적성도 관리의 대상이 될 수 있지만, 여기서는 인접한 단계의 산출물들 간의 추적성 관리를 통하여 인접하지 않은 단계의 산출물들 간의 추적성을 실현하는 [강성원 17]의 체계적인 소프트웨어 제품라인 개발 방법의 추적성 관리를 가정한다.

D) 참고문헌

[Pohl 05]Chapter 4는 외부가변점과 내부가변점을 포함하여 제품라인 가변성의 개념과 OVM을 통한 가변성 관리 기법을 설명하고 있다. [Kim 14]는 제품라인 추적성을 연구한 문헌들에 대한 분석 결과를 제공하고 있다.

■ T_PL_6: 가변성 모델의 분석

A) 용도

가변성 모델의 분석은 가변성 모델이 올바르게[58] 만들어졌는지 확인하는 활동이다. 소프트웨어 개발 공정의 여러 단계에서 가변성 모델링이 필요할 수 있기 때문에 가변성 모델이 올바르게 만들어졌는지를 분석하는 것은 매우 중요한 활동이다. 가변성 모델이 복잡해지거나 혹은 규모가 커지게 되면 수작업으로 분석할 경우 많은 노력과 시간이 소모되고 분석 결과에 오류가 생길 가능성도 높아진다. 따라서 자동화된 도구를 사용하여 정확하고 효율적으로 가변성 모델 분석을 수행해야 한다.

과거 연구에서 가변성 모델을 분석하기 위한 다양한 분석관점들이 제시되었고 이 분석관점들을 적용하기 위한 분석방법들도 함께 개발되었다. 다음은 가변성 모델의 분석에 적용된 대표적인 관점들의 몇 가지 예이다:

- 무모순성 분석(consistency analysis): 가변성 모델로부터 제품 생성이 가능한지 가능하지 않은지를 분석
- 생성가능한 제품 수의 분석(analysis of the number of possible configurations): 가변성 모델로부터 생성될 수 있는 잠재적인 제품(혹은 구성)의 수를 계산
- 미사용 피처 분석(dead feature analysis): 가변성 모델로부터 생성되

58. 가변성 모델이 갖추어야 할 속성을 가지고, 가지지 말아야 할 속성을 가지지 않았을 경우 가변성 모델이 올바르다고 말한다. 이러한 속성들을 완전히 열거하는 것은 불가능하고 실무에서는 중요도에 따라 적절한 수의 분석 관점들로 선별하여 분석하게 된다.

는 어떤 제품들에도 포함되지 않은 피처(혹은 구성요소)가 가변성 모델 안에 들어 있는지를 분석

B) 절차

가변성 모델 자체를 직접 분석하려하면 시간이 많이 소모되고 오류가 발생할 가능성도 높기 때문에 먼저 가변성 모델을 분석이 용이한 형태로 변환한 뒤 변환결과를 분석해야 한다. 대표적인 분석방법들로 명제 논리(Propositional Logic) 기반의 분석방법, CP(Constraint Programming) 기반의 분석방법, DL(Description Logic) 기반의 분석방법, Prolog[59] 기반의 분석방법 등이 있지만, 여기서는 SAT Solver를 이용한 명제 논리 기반의 가변성 모델 분석방법의 절차만 간단히 소개한다.

SAT Solver는 CNF(Conjunctive Normal Form) 논리식을 평가하여 CNF 논리식을 True로 만들 수 있는 변수들의 조합이 있으면 평가결과를 SAT(Satifiable)로 출력하고, 그런 조합이 없으면 평가결과를 UNSAT(Unsatisfiable)으로 출력한다. SAT Solver[60]를 이용한 명제 논리 기반의 분석 절차는 다음과 같다:

단계 1. 가변성 모델을 CNF 논리식으로 변환
단계 2. SAT Solver로 CNF 논리식을 평가
단계 3. SAT Solver의 평가결과를 추론하여 가변성 모델에 미치는 결과를 분석

다음은 이 절차에 따라 수행된 가변성 모델의 분석 예제이다.

59. 논리 기반의 프로그래밍 언어
60. 다음 웹사이트는 대표적인 SAT Solver의 하나인 Sat4j를 소개한다: https://www.sat4j.org/

예제 3.1-7. 가변성 모델의 분석

적용된 분석 관점은 "가변성 모델에 모순이 있는지의 여부"이다. 아래의 가변성 모델에서 노드 A는 노드 B및 노드 C를 포함하고, 노드 B와 노드 C는 "B excl C"의 관계를 갖는다.

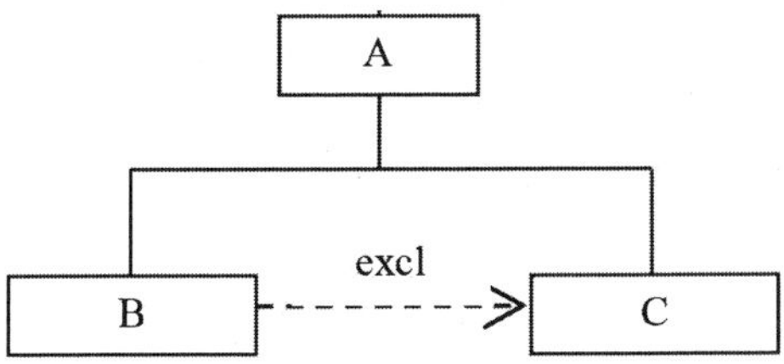

단계1. 위 가변성 모델을 CNF 논리식로 변환하면 다음과 같다:

$$F = (A) \wedge (\neg A \vee B) \wedge (A \vee \neg B) \wedge (\neg A \vee C) \wedge (A \vee \neg C) \wedge (\neg B \vee \neg C)$$

단계2. SAT Solver를 사용하여 위 F를 평가하면 평가결과는 다음과 같다:

F의 평가결과: UNSAT

단계3. UNSAT의 평가결과가 가변성 모델의 분석에 주는 의미는 다음과 같다:

> UNSAT은 F를 True로 만드는 변수 A, B, 및 C의 진리값의 조합이 없다는 것을 의미하므로, 이 변수에 대응되는 가변성 모델의 구성요소인 노드 A, B, 및 C의 어느 조합으로도 제품을 생성할 수 없다. 따라서, 해당 가변성 모델로부터 제품 생성이 될 수 없고 위 가변성 모델에는 모순이 있다.

C) 파급효과

잘 알려진 가변성 모델 분석도구로 S.P.L.O.T., FaMa, FeatureIDE가 있다. S.P.L.O.T.[61]는 가변성 모델링 및 가변성 모델의 분석을 제공하는 온라인 도구이고, FaMa[62]는 이클립스 플러그인 기반의 가변성 모델링 및 가변성 모델 분석 도구이며, FeatureIDE[63]는 피처모델 기반의 소프트웨어 제품라인 개발 프레임워크이다. 그러나 이 도구들은 모두 소프트웨어 제품라인 개발의 여러 단계에서 구축될 수 있는 가변성 모델을 대상으로 하지 않고 피처수준의 가변성 모델인 피처 모델을 그 대상으로 한다. CVM([T_PL_2기법])은 소프트웨어 제품라인 개발의 모든 단계에서 구축될 수 있는 가변성 모델을 대상으로 하며 CVM 가변성 모델의 모델링을 위하여 이 책의 머리말에서 소개한 SVM도구를 사용할 수 있다. 그러나 아직까지 SVM의 분석 도구는개발되지 않았다.[64]

D) 참고문헌

[Benavides 10]는 앞에서 제시한 분석관점 외에도 다양한 분석관점과 분석방법들을 소개한다.

관련 연구

SPLD의 가변성 모델링과 관리를 위하여 과거에 피처모델이 많이 사용되었다[Kang 90][Kang 02][KIPA 09]. 그러나 피처모델로는 개발 생명주기 전체에 거쳐 발생할 수 있는 가변성을 체계적으로 다루기 어렵다. 그 이유는 우선 피처라는 개념이 고객이 감지할 수 있는 특징의 개념으로도 사용되고 또 (하위 피처에 해당되는) 피처의 구체적 종류 혹은 피처에 대한 구체적 선택 역시 피처로 보기 때문에, 피처모델은 가변성 모델링과 관리를 위하여 필요한 제 1원리라고 할 수 있는 가변점과 가변값의 구별을 개발자에게 분명히

---

61. http://www.splot-research.org/
62. https://www.isa.us.es/fama/?FaMa_Framework
63. https://featureide.github.io/
64. 저자들은CVM에 대해 사용할 수 있는 SVM 분석 도구를 현재 개발 중이다.

인식시키지 못하는 문제점이 있다. 이러한 문제점을 극복하기 위해서 [Pohl 05]은 가변점과 가변값의 개념을 근간으로 두는 직교적 가변성 모델링 방법 OVM(Orthogonal Variability Modeling)을 제시하였다. [Pohl 05]가 그 필요성과 원리를 잘 설명함에도 불구하고, OVM은 가변성 모델을 구성하는 가변점과 가변값들이 타입을 갖지 않아 가변성 모델의 확장성과 가변성의 추적성관리에 취약한 단점을 갖고 있다. 타입을 갖지 않은 가변점과 가변값들은 어느 산출물에 속하는지 불분명하고 따라서 전체 가변성이 하나의 가변성 모델로 관리되게 된다. 따라서 시스템의 규모가 커지면서 가변점이 많아질 때, 가변점들을 이해할 수 있는 단위로 나눌수 있는 메커니즘이 없기 때문에 하나의 크고 복잡한 모델이 형성되게 된다. 또한 개발이 진행되며 산출물들이 상세화되어 가고 따라서 가변성도 상세화되어 가게 되는데, OVM은 가변성을 포함한 산출물들 간의 추적성을 나타내는 방법을 제시하지 않는다. 오히려 OVM에서는 추적성이 OVM 모델을 통해서 이루어진다고 보기 때문에, 이런 방법으로는 추적성 관리가 부분적으로 이루어질 수밖에 없다. 따라서 이 절에서는 이러한 단점을 해결한 직교적 가변성 기술 메커니즘인 OVDM[강성원 17]에 기반한 기법들을 소개하였다.

3.2 제품라인 범위결정

■ T_PL_S_1: 제품 범위결정-도메인 범위결정-자산 범위결정

A) 용도

제품라인 개발에서 제품의 정의는 피처수준에서 가장 먼저 이루어진다. 제품군이 시장에서 성공하기 위해서는, 시장분석을 통해 어떤 피처와 제품들이 수익성이 있을지 예측해야 한다. 제품라인 범위결정 활동은 제품라인을 구성할 제품들 간의 공통 피처들과 가변 피처들을 정의하고 이들의 경제성을 분석하여, 제품라인에서 구현할 피처들과 생산할 제품들을 최종적으로 결정한다.

B) 절차

[Schmid 00b]에 따르면 제품라인 범위결정은 다음의 세 단계로 이루어진다:

(1) *제품 범위결정*(product scoping)에서는 제품 포트폴리오[65]를 구축하기 위해 먼저 제품 맵(Product Map)을 만든다. 제품 맵을 만들기 위해서 제품라인 조직은 고객의 니즈와 제품라인 조직의 비즈니스 목적을 고려하여 제공되어야 하는 필수적인 피처와 선택적인 피처들을 먼저 판단하여 이 피처들로 구성된 제품들의 제품군을 결정한다.

(2) *도메인 범위결정*(domain scoping)에서는 제품라인을 효과적으로 구축하고 제품 생산의 경제성을 확보하기에 충분한 재사용성을 제공할 수 있도록 주요 하위도메인(subdomain)들을 식별하고 그들의 경계를 결정한다.

(3) *자산 범위결정*(asset scoping)에서는 재사용 가능한 자산들을 식별하고 이로부터 핵심 자산들을 정의한다. 자산들은 개발에 필요한 노력을 바탕으로 평가되고, 기존 제품들과 도메인 전문가들로부터 수집한 이력 데이터를 활용하여 정량화된다. 조직은 이러한 평가 결과를 토대로 제품라인을 도입할 것인지 여부를 결정한다.

그림 3.2-1은 제품라인 범위결정의 첫번째 단계인 제품 범위결정을 수행한 결과인 제품 맵이다.

65. 제품 포트폴리오는 회사가 제공하는 제품이나 서비스의 전체 목록을 말한다.

도메인	피처	제품1	제품2	제품3	제품4
Order recording	manually	√	√	√	√
	MDE registration	√		√	√
	EANCOM orders		√		
	core functionality		√		
	distance orders		√		
	express orders		√		
	campaign				
	…				
…	…				
Commissioning	order sequence	√	√	√	√
	customer priority	√		√	√
	order priority		√		
	whole units		√		√
	manual redistrib.	√		√	√
	…				
	core functionality	√	√	√	√
	express order sup.	√	√	√	√
	cross-docking				
	core functionality		√		
	…				

* '√'는 해당 요소가 해당 제품에 포함됨을 나타내다.

그림 3.2-1. 제품라인 범위가 결정된 제품 맵

제품 맵은 제품 포트폴리오의 제품들을 열로 하고 제품들이 갖는 피처들을 행으로 갖는 매트릭스이다. 제품 맵에서 피처들은 도메인별로 열거되는데 그림 3.2-1에서 "Order recording"과 "Commissioning"은 도메인 이름이고, 모든 제품에 대해 요구되는 피처들은 공통적인 피처이고 그렇지 않은 피처들은 가변적인 피처들이다.

그림 3.2-2는 자산 범위결정 단계까지를 수행한 결과인 제품 맵의 예이다.

	하위도메인	피처		eff_{DE}	제품1				제품2					제품4				이득 함수			
					req	pos	eff	msg	req	pos	eff	msg		req	pos	eff	msg	C(f)	E1(f)	E2(f)	M(f)
Order recording	Order Entry	manually	opt	H	√		H		√		H			√		H		4	3	3	0
		MDE registration	alt	H	√		H			√	H			√		H		4	2	3	0
		EANCOM orders	alt	H		√	H	√	√		H				√	H	√	4	0	3	3
	Automatic ordering	core functionality	man	H					√		H							1	0	0	1
		distance orders	opt	L					√		L							1	0	0	0
		express orders	opt	M					√		L							1	−0	−0	0
		campaign	opt	M					√		L							1	−0	−0	0
		...																			
	...																				
Commissioning	Redistribution of goods	order sequence	opt	VH	√		H		√		H		...	√		M		4	0.5	0.5	0
		customer priority	alt	M	√		M			√	M	√		√		M		4	1	1.5	1
		order priority	alt	L		√	L		√		L							3	0	0.2	0
		whole units	opt	H		√	M	√	√		M			√		M		4	0	1	2
		manual redistrib.	opt	H	√		H			√	H			√		H		4	2	3	0
		...																			
	Customer commioning	core functionality	man	VH	√		H		√		H			√		M		4	0.5	0.5	0
		express order sup	opt	H	√		M		√		M			√		M		4	1	1	0
		cross-docking	opt	M														0	−1	−1	0
	Article commisioning	core functionality	man	VH		√	H	√	√		H							3	−2	0	2
		...																			

man: mandatory, opt: optional, alt: alternative

VH: Very High, H: High, M: Medium, L: Low

√ : 해당 요소가 해당 제품에 포함됨을 나타냄

eff_{DE}: DomainEngineering(DE)단계에서 해당 피처를 제품들에 재사용 가능하게 만드는데 필요한 노력의 정도

req(required): 필수적 피처

pos(possible): 추가 가능한 피처

eff(effort): 피처를 해당 제품에 (새로이) 구현하는데 드는 노력

msg(market share gain): 시장점유율 기여

C(f): 피처 f를 필수로 포함하는(req) 제품들과 포함할 수 있는(pos) 제품들의 전체 개수로 *도메인 커버리지*라고 불림. 도메인 커버리지가 높으면 많은 제품들에 포함되는 피처

E1(f): 제품라인에 피처 f를 필수적인(req) 피처로 포함시킴으로써 얻을 수 있는 노력 절감 이득

E2(f): 제품라인에 피처 f를 포함시킴으로써(req, pos) 얻을 수 있는 노력 절감 이득

M(f): 제품라인에 피처f를 포함시킴으로써 얻을 수 있는 시장점유율(msg) 이득을 계산하는 함수

그림 3.2-2. 자산 범위가 결정된 제품 맵[66]

66. 이 표는 [DeBaud 99] Table 6을 일부 수정한 표이다. 이 표에서 "피처"를 [DeBaud 99]에서는 "characteristics"로 불렀으나 이 둘은 동일한 의미를 갖는다.

제품라인 범위결정의 두번째 단계인 도메인 범위결정 단계에서는 각 도메인은 하위도메인들로 나뉜다. 그림 3.2-2에서 예를 들어 "Order Entry"는 "Order recording" 도메인의 하위도메인이며, "Order recording" 도메인의 피처들은 "Order Entry" 하위도메인을 포함한 하위 도메인별로 다시 나뉘어 열거된다.

제품 맵은 제품라인 범위결정의 세번째 단계인 자산 범위결정 단계로 완성되는데, 이 단계에서는 제품 포트폴리오와 피처를 평가한다. 평가를 위해서는 평가함수가 사용되는데, 평가함수는 제품라인이 비즈니스에 주는 효과를 비용과 이득의 관점에서 계산하는 함수들로 이루어진다. 제품 포트폴리오와 피처를 평가하기 위해서 다음과 같은 이득 함수와 특성화 함수가 사용된다:

- 이득 함수(benefit function): 어떤 피처를 제품라인의 범위(scope)에 포함시킴으로써 비즈니스 목적과 관련하여 얻을 수 있는 이득을 계산하는 함수이다. 그림 3.2-2의 맨 오른쪽에 이득 함수들의 예가 나와있다.
- 특성화 함수(characterization function): 특성화 함수는 하나의 제품과 하나의 피처에 대하여 적용되는 함수로 제품 내에서 피처가 가지는 중요성 혹은 가치를 나타내며 그 값은 도메인 전문가가 할당한다. 그림 3.2-2의 req, pos, eff, msg는 특성화 함수의 예로 이들은 이득 함수 정의에 사용된다. 예를 들어 그림 3.2-2에서 "EANCOM orders" 피처의 C(f) 이득 함수 값은, 그림3.2-2의 범례의 C(f)의 정의에 따라, 이 피처의 특성화 함수들 중 'req'와 'pos'의 값이 '√'인 제품들의 개수이다.

특성화 함수를 기반으로 정의된 이득 함수를 이용하여 피처별 이득값이 결정되면 제품라인의 비즈니스 목적에 부합하는 제품라인 범위를 결정할 수 있다. 그림 3.2-2에서 진한 음영은 제품들이 그대로 재사용할 수 있도록 플랫폼 개발 단계에서 핵심 자산으로 구현할 피처들을 나타낸다. 옅은 음영("core functionality"와 "express order sup."의 열들)은 제품라인 아키텍처가 반영해야 하는 피처이지만 플랫폼 개발 단계에서 핵심 자산으로 구현하지 않을 수 있는 피처들을 나타낸다. 음영이 표시되지 않은 행의 피처의 경우, 제품라인 아키텍처 설계 단계에서 이 피처를 필요로 하는 제품들을 위한 인터페이스만을 정의한다. 예를 들어, "Oder Entry" 하위 도메인은 3개의 피처로 구성되고 이들은 다른 피처들과 비교하여 도메인 커버리지(C(f))와 노력 절감(E1(f), E2(f)) 부분에서 높은 평점을 받았다. 따라서 이 3개의 피처들을 제품라인 아키텍처에 포함해야 하고 플랫폼 개발 단계에서 재사용 가능한 자산으로 구축해야 한다. "core functionality"와 "express order sup." 피처들은 도메인 커버리지는 높지만 노력 절감 이득이 낮아서 제품라인 아키텍처에는 반영되지만 플랫폼 개발 단계에서 자산으로는 구축하지 않을 수 있다. 반면, "Automatic ordering" 하위도메인의 피처들은 도메인 커버리지가 낮고 노력 절감 이득 값이 음수이며 시장점유율(M(f))에서도 특별한 기여가 없는 것으로 평가되어 이 하위도메인의 피처들은 제품라인 아키텍처에 포함되지 않는다. 그러나 제품2가 이 피처를 필요로 하기 때문에 제품라인 아키텍처에서 인터페이스로만 지원된다.

C) 파급효과

그림 3.2-2의 제품 맵은 *자산 제안서*의 한 예이다. 자산 제안서는 - 제품라인에 포함될 제품들에 대한 도메인과 상위 수준의 공통 및 가변 피처들로 구성되는 - 주요 자산들과 그것들에 대한 정량화된 비용 및 이득 추정 결과를 포함한다. 최적의 제품과 자산 집합을 구성하기 위하여 하나 이상의 자산 제안서가 작성될 수 있고 또한 자산 제안서는 제품을 고객에 인도하거나 마켓에 출시하는 일정을 포함할 수 있다. 자산 제안서에서 정의한 피처는 플랫폼 요구공학과 제품 요구공학의 주요 입력물이 된다.[67]

D) 참고문헌

제품라인 범위결정의 세 단계의 태스크와 산출물에 관련한 상세한 내용은

67. [Bosch 00], [ISO26551 16]

[ISO26551 15]와 [Linden 07]Chapter 2 Section 2.4를, 제품라인 범위결정의 공정 수정(customization)에 관련한 상세한 내용은 [John 06]을 참고하라. [DeBaud 99]는 이득 함수와 특성화 함수의 예를 보여준다. [Clements 02]은 제품라인 범위결정의 개요를 설명한다. 제품라인 범위결정 지원 도구인 PuLSE-BEAT(Basic Eco Assistance Tool)에 관련한 상세한 내용은 [Schmid 00a]을 참고하라.

관련 연구

[Schmid 02]는 제품라인 범위결정의 제품 범위결정 단계의 활동들을 설명한다.

3.3 플랫폼 요구공학

단일시스템개발에서의 요구공학과 마찬가지로 제품군을 위한 요구공학은 주된 단계가 요구사항의 추출(elicitation), 요구사항의 분석(analysis), 요구사항의 명세(specification)로 이루어진다. 그러나 제품군을 위한 요구공학은 대상이 제품군이기 때문에 요구사항 분석 단계에서 공통요구사항과 가변요구사항이 분석되어야 하고, 요구사항의 명세 단계에서는 공통요구사항과 가변요구사항이 구별되어 명세 되어야 한다. 공통성/가변성 분석이 수행되기 전의 제품군에 대한 요구사항을 *제품군 요구사항*(product family requirements)이라고 부르고 제품군 요구사항에 공통성/가변성 분석을 수행한 결과를 *제품라인 요구사항*(product line requirements)이라고 부른다.

■ T_PL_R_1: 요구사항의 공통성/가변성의 분석

A) 용도

플랫폼 요구공학 단계에서는 제 2장 SPLD 도입 단계에서 분석된 제품군 요구사항들을 완전하고 정확하며 모호하지 않은 요구사항들로 정제하고 이 정제된 요구사항들을 대상으로 공통성/가변성 분석을 수행한다.

B) 절차

제품군 요구사항의 공통성/가변성의 분석을 위해 제품별 요구사항 매트릭스(Application-Requirements Matrix)를 사용할 수 있다. 예제 3.3-1은 제품별 요구사항 매트릭스의 예를 보여준다.

예제 3.3-1.

예제 3.3-1. 세 개의 제품 A, B, C의 요구사항이 각각 요구사항집합 {R0, R1, R2, R3, R4, R5, R6}의 부분집합으로 다음과 같이 구성된다고 하자.

요구사항 제품	R0	R1	R2	R3	R4	R5	R6
A	√	√	√		√		
B	√	√		√		√	
C	√		√	√			√

* '√'는 해당 요소가 해당 제품에 포함됨을 나타내다.

그러면 이 세 제품에 대하여 공통 요구사항, 공유 요구사항, 제품 특정 요구사항은 각각 다음과 같다:

공통성(공통 요구사항): R0

가변성(공유 요구사항): R1, R2, R3

가변성(제품 특정 요구사항): R4(제품 A), R5(제품 B), R6(제품 C)

매트릭스에서 쉽게 파악할 수 있는 것처럼 R0은 모든 제품에 공통적인 요구사항이고, 예를 들어 R1는 제품들 전체는 아니지만 두 개 이상의 제품들이 공유하는 요구사항이고 R4는 제품 A만이 갖는 제품 특정 요구사항이다.

C) 파급효과

그러나 이 방법은 각 요구사항의 내부를 더 이상 분석하지 않고 하나의 단위로 보기 때문에, 이 방법으로는 서로 다른 요구사항이 가질 수 있는 공통성을 찾아내어 재사용할 수 없다. 예제 3.3-2는 내부 구조를 분석해서 공통성을 찾아 내고 가변적인 부분을 추상화하여 공통요구사항으로 만드는 예를 보여준다.

예제 3.3-2. [Pohl 05]

Home Security System 제품군은 제품 HSS1에 대해 "시스템에 Black_and_White_Camera가 설치된다"는 요구사항이 있고, 제품HSS2에 대해 "시스템에 Color_Camera가 설치된다"는 요구사항이 있다. 이 두 개의 요구사항은 서로 다른 요구사항이지만 "시스템에 ___가 설치된다"는 요구사항의 형태는 두 요구사항 간에 공통적이다. 따라서 "___"를 가변점 vpCamera로 바꾸고 vpCamera가 가변값으로 Black_and_White_Camera와 Color_Camera를 가지도록 정의함으로써 이 두 요구사항의 공통성과 가변성이 식별된다.

D) 참고문헌

플랫폼 요구공학에 대해서는 [Pohl 05]Chapter 10에서 설명하고 있다. 특히 제품별 요구사항 매트릭스는 [Pohl 05]Chapter 10 Sections 10.6.1, 10.7.1, 10.9.1, 10.9.2가 제공하는 예를 참고하라.

관련 연구

[Gomaa 04]는 UML을 이용한 플랫폼 요구사항 분석 및 모델링 방법에 대한 상세한 설명과 예제를 제공한다.

3.4 플랫폼 아키텍처 설계[68]

플랫폼 아키텍처의 가변성은 대부분 요구사항 가변성에서 발생하며 플랫폼 아키텍처 설계에서는 이러한 외부가변성 이외에도 기술적인 선택사항으로 인해 발생하는 추가적인 내부가변성을 고려해야 한다. 예를 들어, 동일한 요구사항에 대해서도 다양한 하드웨어 장치나 프로토콜과 데이터베이스 액세스에 사용될 소프트웨어 기능을 선택할 수 있도록 플랫폼 아키텍처를 설계할 수 있다. 각 산출물의 가변성을 정의하고 가변성을 해소하는 바인딩의 정의와 적용 시점은 플랫폼 아키텍처 설계에서 내려야할 중요한 의사결정이다.

공통성은 플랫폼 아키텍처의 구조[69]와 플랫폼 *아키텍처 결*(architecture texture)[70]에 나타난다. 아키텍트는 플랫폼 아키텍처 설계 단계에서 플랫폼 아키텍처 결의 일부로서 사용할 구성 메커니즘들을 결정해야 한다. 또한 아키텍트는 제품 아키텍처와 제품 실현을 포함한 이들 구성 메커니즘들을 적용할 단계들을 결정해야 한다. [Pohl 05]는 표 3.4-1과 같이 구성 메커니즘의 예를 들고 있다.

---

68. 이 절의 도입부는 [Pohl 05]Chapter 11 Sections 11.3~11.5를 참조하였다.

69. [Pohl 05]Chapter 11에서는 공통성은 아키텍처 결과 컴포넌트 프레임워크에 나타난다(captured)고 설명하고 있다. 그러나 컴포넌트 프레임워크는 컴포넌트들과 인터페이스들의 공통 구조를 제공하는 것으로 플랫폼 아키텍처의 한 예이다. 따라서 이 책에서는 프레임워크 대신에 플랫폼 아키텍처 구조라고 하였다.

70. "시스템을 구현하기 위하여 필요한 공통된 개발 규칙의 집합"을 말한다([Pohl 05]p. 117).

표 3.4-1 구성 메커니즘([Pohl 05]Section 12.5)

적용단계	CVM 표현
컴파일 이전	자동 코드 생성(Automatic code generation), 애스펙트-지향 프로그래밍(Aspect-Oriented Programming), 모델 기반 개발(Model Driven Development)
컴파일 시	Precompiler macro(예 IFDEF), 조건적 컴파일(Conditional compilation)
링크 시	Makefile
로딩 시	Configuration files
실행 시	Registry

■ T_PL_A_1: 선행식 접근방법과 역공학을 결합한 플랫폼 아키텍처 설계

A) 용도

제품라인 구축을 위하여 PuLSE-DSSA(Domain-Specific Software Architecture)와 같은 방법으로 플랫폼 아키텍처를 새로이 설계하는 선행적 접근방법을 취할 수 있다. 그러나 이 경우에도 가능하면 기존 제품 개발 산출물들을 이용하여 플랫폼 아키텍처를 구축하는 접근방법이 비용이나 효율성 측면에서 유리할 수 있다. 이러한 플랫폼 아키텍처 구축 방법은 역공학을 필요로 한다. 이러한 방법으로[Knodel 04]의 요청기반 역공학(request-driven reverse engineering)이 있다.

B) 절차

선행식 접근방법과 역공학을 결합한 플랫폼 아키텍처 설계 절차의 개요가 그림 3.4-1에 나와 있다.

그림3.4-1의 왼쪽은 PuLSE-DSSA의 플랫폼 아키텍처 설계 공정을 보여준다. PuLSE-DSSA는 제품라인의 기능 및 품질을 요구하는 시나리오들을 플랫폼 아키텍처 설계 공정의 출발점으로 하고, 실현 단계에서는 해결방법(즉, 컴포넌트들)을 선택하고 시나리오들의 요구사항들을 만족시키는 아키텍처 설계 결정들을 내린다. [Knodel 04]의 요청기반 역공학은 그림 3.4-1

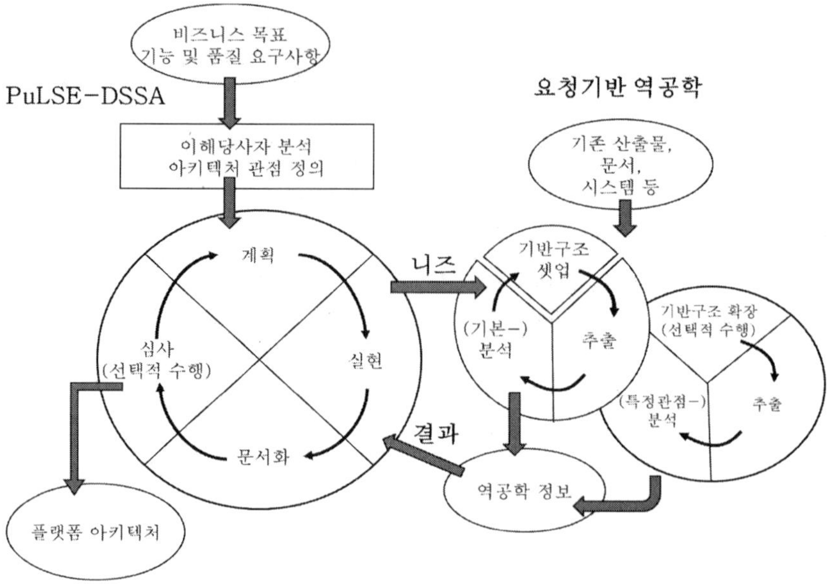

그림 3.4-1. 역공학과 통합된 PuLSE-DSSA 방법([Knodel 04])

오른쪽과 같이 PuLSE-DSSA의 실현 단계에서 실행된다. 요청기반 역공학은 니즈가 발생할 때마다 수행되는데, 니즈는 "기 구현된 시나리오들로부터 도출된 요청"[71]을 뜻하며[Knodel 04] 이는 제품라인의 시나리오들 중 기존 시스템에 구현된 시나리오들에 기반한 산출물들의 재사용 가능성에 대한 분석 요청이다.[72]

요청기반 역공학은 다음 세 단계로 진행된다:

(1) 팩트 추출: 팩트는 기존 시스템에 대한 니즈와 관련된 하위 수준 정보이다. 역공학은 소스코드, 코드 주석, 구성 파일, 사용자 문서, 아키텍처 기술과 같은 산출물에 포함된 가공되지 않은 데이터로부터 팩트(fact)들을 추출하여 팩트베이스(fact base)에 통합함으로써 시

71. "requests derived from scenarios currently realized"

72. [Knodel 04]는 그림의 "니즈"를 "요청(request)"으로 "결과"를 "응답"으로 불렀다. 그러나 요청은 "필요시 역공학을 활용한다"는 의미이므로 이 책에서는 이들을 역공학의 "니즈"와 "결과"라고 부른다.

작된다. 이 단계에서 추출된 산출물에 포함된 데이터 중 아키텍트는 아키텍처 관점에서 표현해야 하는 관련된 것들 만을 추출하고 기존 컴포넌트들 중 재사용 가능한 컴포넌트를 식별한다.

(2) 팩트 분석: 분석의 목적은 이미 운영 중인 시스템에 구현된 기존 컴포넌트가 제품라인 자산으로 재사용될 수 있는지 판단하는 것이다. 분석의 대상은 기존 컴포넌트들, 컴포넌트에 내재된 피처들, 컴포넌트에 적용된 디자인 패턴들, 컴포넌트들 간의 의존성 등이다. 분석 단계에서는 관련된 팩트들을 식별하여 이들을 적절한 수준으로 추상화시킨뒤 아키텍처 뷰들로 모델링한다. 또한 분석은 기존 컴포넌트의 적합성, 추출 용이성, 역공학에 필요한 노력 추정을 포함해야 한다. 아키텍트는 재사용 후보 컴포넌트를 식별한 경우에는 재사용할 수 있는지 평가해야 한다.

(3) 기반구조 셋업: 분석을 마친 기존 산출물들은 제품라인 플랫폼에 포함될 수 있도록 팩트베이스 혹은 핵심 자산 저장소에 넣는다.

이 세 단계에 이어 필요한 경우 다음의 기반구조 확장 단계가 수행된다:

(4) 기반구조 확장: 제품라인 플랫폼에 포함시키기로 결정된 기존 컴포넌트가 수정이 필요한 컴포넌트일 경우, 그림 3.4-1의 역공학 활동의 오른쪽에 나오는 기반구조 확장 활동을 수행한다. 이 활동에서는 기존 컴포넌트들의 품질, 가변성 지원 정도, 요구되는 변경을 수용할 수 있는 유연성의 수준, 제품라인 아키텍처와의 호환성, 유사한 구현들 간의 공통성 등에 대한 정보를 추출하기 위한 분석[73]을 수행한다.

C) 파급효과

이 기법은 아키텍트가 PuLSE-DSSA에서 플랫폼 아키텍처를 구축하면서 기

73. 이러한 분석은 기본 분석인 팩트 분석과 구별되는 특정 관점의 분석으로 볼 수 있다.

존 소프트웨어 시스템으로부터 재사용 가능한 컴포넌트들을 탐색할 때 사용할 수 있다.

D) 참고문헌

[Knodel 04]의 Market Maker Software AG 사례를 참고하라. [Knodel 06]은 요청기반 역공학 방법을 ADORE™(아키텍처와 도메인 지향 재공학)로 확장하여 설명하고 있으며 요청과 관련된 질의의 예를 보여준다. [Käkölä 06]Part III Chapter 8은 정보보안이 중요한 시스템의 플랫폼 아키텍처 설계와 의사결정 지원 프레임워크를 기술하고 있다.

■ T_PL_A_2: COTS 컴포넌트 선택

A) 용도

요구사항이나 아키텍처 수준에서의 적합한 COTS(Commercial Off The Shelf) 컴포넌트를 선택하기 위하여 CoVAR(Component Selection considering Variability, Architectural Concerns, and Requirements)공정을 사용할 수 있다.[74]

B) 절차

CoVAR 공정은 그림 3.4-2와 같은 절차를 거쳐 플랫폼 요구사항과 플랫폼 아키텍처 관심사항을 고려한 컴포넌트 선택 공정으로 상위 수준 컴포넌트 선택을 지원한다. 이 공정은 또한 하위 수준 컴포넌트 선택에도 적용될 수 있다.

(1) 컴포넌트 스크리닝 단계는 공개된 마켓에서 판매되는 컴포넌트들이나 인하우스 컴포넌트들에 대한 시장 조사로 시작되어 다음 순서로 진행된다:

(i) 첫 단계에서는 마케팅 문서, 기술 매뉴얼, 사용 후기(experience re

74. CoVAR 공정은 오픈 소스 컴포넌트의 선택을 위해서도 동일하게 적용될 수 있다.

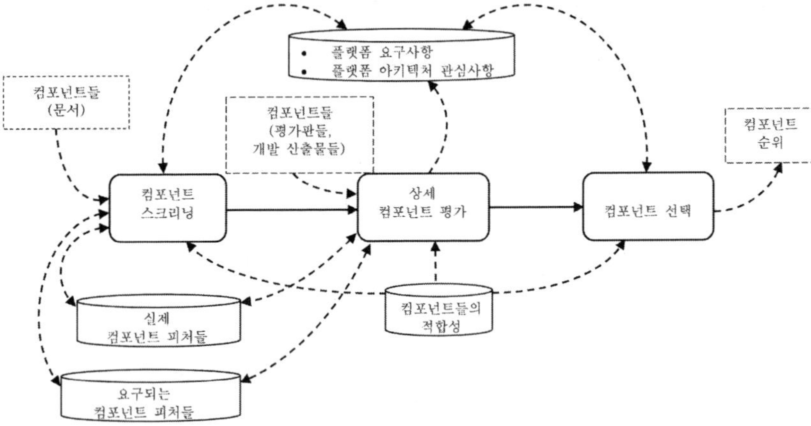

그림 3.4-2. CoVAR 공정의 COTS 컴포넌트 선택 절차([Pohl 05]Figure 14-3.)[75]

port) 등 활용가능한 컴포넌트 관련 문서들을 바탕으로 후보 컴포넌트들을 파악한다.

(ii) 그 다음 단계에서는 요구되는 컴포넌트 피처들을 도출하는데, 피처는 공통 피처와 가변 피처로 구분되며 가변 피처는 가변점과 가변값으로 기술되어야 한다.

(iii) 다음 단계에서는 요구되는 컴포넌트 피처들에 대한 평가 기준들을 도출하고 이 피처들과 평가 기준들을 검증한다.

(iv) 그 다음 단계에서는 앞서 파악한 각 후보 컴포넌트에 대해 요구되는 피처들의 존재를 해당 문서들로부터 확인하고 각 컴포넌트의 피처 모델을 만든다.

(v) 그리고 컴포넌트의 구성(configuration)이 요구되는 기능과 품질을 가지는지 확인한다.

(vi) 그 다음에는 해당 컴포넌트의 적합성 확인은 요구되는 각 피처별로 "통과(passed)," "미통과(not passed)," "결정보류(deferred)"로 판결한다.

---

75. 그림에서 "플랫폼 요구사항"과 "플랫폼 아키텍처 관심사항"을 [Pohl 05]에서는 "도메인 요구사항"과 "도메인 아키텍처 관심사항"라고 하였다.

(vii) 이제 적합성 확인에서 하나 또는 그 이상의 "미통과"를 받은 컴포넌트들이 제거되어 후보 컴포넌트들이 3~7개로 압축되어 상세 컴포넌트 평가 단계로 전달된다.

(2) 상세 컴포넌트 평가 단계에서는 먼저 2~3개[76]의 후보 컴포넌트들을 대상으로 파일럿 컴포넌트 평가를 수행하여 컴포넌트 스크리닝 단계를 통과한 모든 후보 컴포넌트들에 적용가능한 상세 평가 시나리오들을 도출한 뒤 이 시나리오들을 다음과 같이 컴포넌트들에 적용한다:

(i) 요구사항들과 가변점의 실현에 있어서 가장 차이가 큰 2~3개의 컴포넌트들을 선정한다.

(ii) 선정된 2~3개의 후보 컴포넌트들을 대상으로 요구되는 피처를 제공하는지 확인한다. 이를 위해 피처 모델과 피처 명세들이 입력으로 사용된다.

(iii) 다음으로 컴포넌트 스크리닝을 위해 사용한 평가 기준을 토대로 하여, 컴포넌트들을 정확하고 반복가능한 방식으로 측정할 수 있는 평가 시나리오들을 개발한다.

(iv) 그 다음에는 후보 컴포넌트들의 구성들을 생성한다. 모든 컴포넌트들의 모든 가능한 구성들에 대하여 모든 피처들을 확인하는 것은 비효율적이기 때문에, 각 공통 피처와 가변 피처를 하나의 후보 컴포넌트의 한 구성에 한 번만 확인하는 것이 좋은 방법이다. 이를 위해서, 한 컴포넌트의 구성으로 가능한 한 많은 피처들을 확인함으로써 필요한 구성의 수를 최소화할 수 있다.

(v) 이제 평가 시나리오들을 후보 컴포넌트들의 구성에 적용한다. 적용결과는 컴포넌트들의 실제 행위들이고 이들은 컴포넌트들의 실제 피

76. 2~3개만을 대상으로 하는 이유는 본격적인 컴포넌트 평가를 하기에 앞서 파일럿 평가의 시간과 노력을 줄이기 위해서이다.

처들을 보여주는 더 구체적인 시나리오들이다.

(vi) 그 다음에는 각 컴포넌트에 대해 적합성 평가를 수행한다. 여기서는 컴포넌트의 요구되는 피처와 실제 피처를 비교하는데, 컴포넌트 스크리닝 단계와는 다르게 적용되는 시나리오는 앞서 개발한 피처별로 측정가능하게 정량화된 시나리오들이다.

(vii) 마지막은 파일럿 컴포넌트 평가가 완료되는 단계로, 평가 시나리오와 포함된 측정 규칙들을 검토하고 이들이 모든 컴포넌트들에 대해 적용가능한지 확인하고 필요하면 수정한다. 파일럿 컴포넌트 평가에 사용된 컴포넌트들은 전부 상세 컴포넌트 평가의 대상이 되고, 파일럿 컴포넌트의 평가에 사용된 시나리오가 수정된 경우에는 이들 컴포넌트들은 수정된 시나리오로 다시 평가되어야 한다.

(3) 컴포넌트 선택 단계는 평가 기준의 우선순위를 결정하고 컴포넌트 적합성 결과들을 토대로 컴포넌트들의 최종 순위를 결정한다.

C) 파급효과

CoVAR를 적용하여 선택한 COTS 컴포넌트는 플랫폼 아키텍처의 일부로 통합된다. CoVAR 공정에 따라 COTS 컴포넌트를 선택하는 과정에 검토되는 COTS 컴포넌트들은 제품라인에서 고려하지 않은 기능이나 품질을 제공할 수 있기 때문에, CoVAR 공정을 이용한 COTS 컴포넌트의 선택은 요구사항, 아키텍처, 가변성 모델에 필요한 수정사항을 발생시킬 수 있다.

D) 참고문헌

COTS 컴포넌트 선택을 위한 대표적인 기법은 CoVAR이다. CoVAR의 세부 내용은 [Pohl 02]를, CoVAR의 요약된 내용은 [Pohl 05]Chapter 14 Section 14.2를 참고하라. COTS 컴포넌트 선택의 또 다른 절차는 [Clements 02]Chapter 4 Section 4.4를 참고하라.

관련 연구

소프트웨어 아키텍처는 적절한 일군의 아키텍처 뷰들을 동시에 모델링함으로써 표현된다. 플랫폼 개발단계에서 도메인 아키텍처 설계는 가변성을 포함하는 일군의 아키텍처 뷰들로 플랫폼 아키텍처를 모델링하며, 이 과정에 플랫폼 요구사항과 아키텍처 사이에 또한 아키텍처 뷰들 간에 연결성(즉, 추적성)과 일관성이 있도록 해야 한다.

다양한 아키텍처 뷰가 고려될 수 있지만 표 3.4-1의 참조 아키텍처 관점 체계는 특히 개발자 관점에서 중요한 뷰들을 망라한다[강성원 21]. 소프트웨어 아키텍트는 이들 중 자신의 시스템 개발에 특히 중요한 뷰들을 선택하여 모델링해야 한다.

표 3.4-1. 참조 관점 체계([강성원 21])

	개념적 수준	논리적 수준	물리적 수준	배치 수준
실행측면	시나리오뷰	논리뷰 혹은 논리적 아키텍처	실행뷰 혹은 실행 아키텍처	실행요소 배치뷰
코드측면	개념뷰 혹은 개념적 아키텍처	모듈뷰 혹은 모듈 아키텍처	코드뷰	코드 배치뷰

[Pohl 05]은 플랫폼 아키텍처 설계를 위하여 논리뷰(Logical View), 위의 모듈뷰에 해당하는 개발뷰(Development View), 위의 실행뷰에 해당하는 공정뷰(Process View), 코드뷰(Code View)를 모델링한다(Chapter 6). [Pohl 05]Chapter 11은 선행식 접근법에서의 플랫폼 아키텍처 설계, 컴포넌트 프레임워크를 이용한 플랫폼 아키텍처 구조 기술과 플랫폼 아키텍처의 아키텍처 결에 대하여 설명한다.

추적성을 모델링하기 위해서는 그림 3.4-3과 같은 소스 요소로부터 타깃 요소로의 *맵핑*을 사용할 수 있다.

소스 산출물의 요소	타깃 산출물의 요소
...	...
eS1	eT1
eS2	eT2
eS2	eT3
eS3	eT4
eS4	eT4
eS5	eT5
eS5	eT6
eS6	eT5
eS6	eT6
...	...

그림 3.4-3. 표를 사용한 추적성 모델링

소스요소 eS로부터 타깃 요소 eT로의 맵핑은 eS $\mapsto$ eT 로 나타낸다. 그림 3.4-3는 소스요소들과 타깃요소들 간에 일대일 맵핑(예: {eS1 $\mapsto$ eT1}), 일대다 맵핑(예: {eS2 $\mapsto$ eT2, eS2 $\mapsto$ eT3}), 다대일 맵핑(예: {eS3 $\mapsto$ eT4, eS4 $\mapsto$ eT4}), 다대다 맵핑(예: {eS5 $\mapsto$ eT5, eS5 $\mapsto$ eT6, eS6 $\mapsto$ eT5, eS6 $\mapsto$ eT6})이 가능함을 보여준다.

3.5 플랫폼 실현

플랫폼 실현(realization) 단계에서는 플랫폼 아키텍처를 기반으로 플랫폼 상세설계와 플랫폼 구현(implementation)을 수행한다. 플랫폼 실현 공정은 그림 3.5-1과 같이 플랫폼 인터페이스 실현과 플랫폼 컴포넌트 실현으로 이루어진다. 플랫폼 실현 단계 동안 플랫폼 컴포넌트 설계자는 제품 실현 단계에서 플랫폼 컴포넌트의 가변성이 해소될 수 있도록 컴포넌트의 구성을 결정하는 파라미터들[77]에 대한 바인딩 정의와 바인딩 적용 시점의 결정을

내린다.[78]

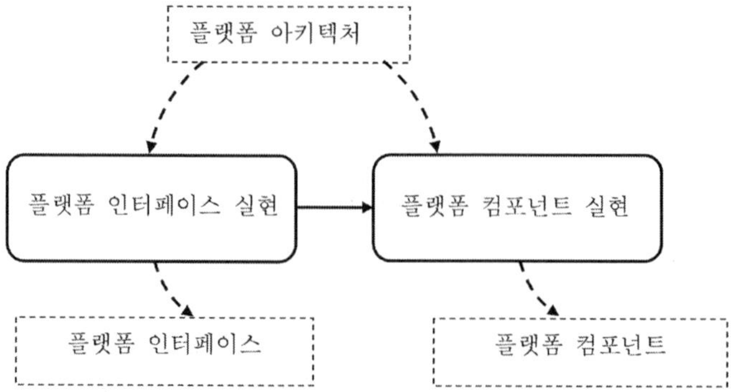

그림 3.5-1. 플랫폼 실현 공정

■ T_PL_I_1: 플랫폼 인터페이스의 실현[Pohl 05]

A) 용도

플랫폼 인터페이스 실현 기법으로 [Pohl 05]의 방법이 있다. 컴포넌트가 제공하는 서비스의 명세를 *제공 인터페이스*(provided interface)라고 하고, 컴포넌트가 서비스 제공을 위하여 다른 컴포넌트로부터 필요로 하는 서비스의 명세를 *요구 인터페이스*(required interface)라고한다. 하나의 인터페이스는 이를 구현하는 서로 다른 컴포넌트를 가질 수 있다. 그러나 가변성을 나타내야 하는 경우, 인터페이스는 서로 다른 구현 컴포넌트들의 차이를 추상화하여 구현 컴포넌트들의 공통 측면을 정의할 수 있다. 나아가 인터페이스가 가변성에 따른 차이와 관련된 특정 정보를 노출시켜 실행 시에 요구되는 가변값을 선택하도록 할 수 있다.

---

77. 컴포넌트의 구성을 결정하는 플랫폼 컴포넌트의 파라미터들은 컴포넌트의 구성이 제품에 맞게 결정되어야 하기 때문에 가변성 모델의 가변점과 가변값으로 모델링 되어야 한다. 반면에 제품의 사용자에 의해 이용되는 컴포넌트의 파라미터들은 제품결정에 영향을 주는 요소가 아니므로 제품라인의 가변성 모델의 가변점과 가변값으로 모델링할 필요가 없다.
78. 플랫폼 실현 단계에서는 플랫폼 아키텍처 설계 단계에서 내려지지 않은 바인딩의 정의와 바인딩 적용 시점의 결정이 내려진다.

B) 절차

플랫폼 아키텍처에서 정의된 플랫폼 인터페이스들을 다음 절차에 따라 실현한다:

(1) *플랫폼 인터페이스 설계* 단계에서는 인터페이스를 제공하거나 필요로 하는 모든 컴포넌트들의 개발자들과 긴밀하게 협력하여 플랫폼 인터페이스를 설계한다. 플랫폼 인터페이스 설계는 인터페이스 기능을 제공하거나 사용하는 컴포넌트들의 능력들을 절충한 결과이다.

(2) *플랫폼 인터페이스 구현* 단계는 플랫폼 인터페이스가 설계되면 비교적 간단하게 수행되는 단계로, 플랫폼 인터페이스의 요소들은 해당 인터페이스를 제공하고 필요로 하는 플랫폼 컴포넌트들의 구현에 포함되도록 특정 프로그래밍 언어의 파일에 선언된다.

C) 파급효과

플랫폼 인터페이스 실현 절차는 함수, 상수, 타입, 예외, 이벤트, 클래스와 같은 플랫폼 인터페이스 요소들의 추상화 수준에 대한 결정과 같은 상세한 내용은 다루지 않았다. 플랫폼 인터페이스 실현 후 인터페이스들이 정의하고 있는 기능을 플랫폼 컴포넌트들이 갖도록 플랫폼 컴포넌트들이 실현되어야 한다. 플랫폼 인터페이스 명세는 플랫폼 컴포넌트들의 시험에 사용된다.

D) 참고문헌

플랫폼 인터페이스 실현에 대한 내용은 [Pohl 05]Chapter 12 Section 12.3을 참고하라.

■ T_PL_I_2: 플랫폼 컴포넌트 실현[Pohl 05]

A) 용도

플랫폼 컴포넌트 실현 기법으로 [Pohl 05]의 방법이 있다. 플랫폼 컴포넌트 실현을 위해서는 컴포넌트의 재사용성과 개별 컴포넌트를 개발하는 노력 사이의 균형을 취해야 한다. 플랫폼 컴포넌트 실현의 양 극단에 해당되는 경우가, 가변성의 모든 가변값들을 하나의 플랫폼 컴포넌트로 실현하는 경우와 가변성의 가변값들을 각기 다른 하나의 플랫폼 컴포넌트로 실현하는 경우이다. 그러나 이 경우들은, 전자는 재사용성이 떨어지고 후자는 컴포넌트 실현에 들어가는 노력이 많이 들어가기 때문에, 가급적 피해야 한다.

B) 절차

플랫폼 컴포넌트 실현 단계에서는 같은 인터페이스를 갖는 (따라서 같은 가변점에 해당되는) 하나의 플랫폼 컴포넌트를 위하여 가변값들에 해당되는 여러개의 구현 컴포넌트들을 제공해야 한다. 여러 제품이 사용할 플랫폼 컴포넌트들은 요구 인터페이스들과 제공 인터페이스들에 명세된 기능에 따라 다음 절차로 실현된다:

(1) *플랫폼 컴포넌트 설계* 단계에서는 요구 인터페이스들의 기능을 사용하여 제공 인터페이스들의 기능을 제공하도록 컴포넌트들을 설계한다.

(2) *플랫폼 컴포넌트 구현* 단계에서는 특정 프로그래밍 언어로 플랫폼 컴포넌트들을 구현한다. 플랫폼 컴포넌트 개발자는 플랫폼 컴포넌트가 인도(delivery)되어 제품 구성에 사용되기 이전에 보통 단위시험[79]을 수행한다.

(3) *컴파일* 단계에서는 모든 플랫폼 컴포넌트들을 목적 파일로 컴파일한다. 목적 파일들은 제품 실현에서 동작하는 실행 가능한 파일들로 링크된다.

79. [Pohl 05]의 플랫폼 컴포넌트 실현과 다른 접근 방법에서는 플랫폼 컴포넌트 구현에 대한 단위 시험이 플랫폼 컴포넌트의 실행가능한 정도에 따라 수행할 수 있는 정도가 달라지게 된다. 플랫폼 컴포넌트의 가변성이 프로그래밍 언어로 구현되지 않았거나 가변성이 해소되지 않은 상태에서는 시험하기 어려울 수 있다.

C) 파급효과

이 기법에서 제공하는 절차는 기본적으로는 전통적인 컴포넌트 실현 절차와 동일하나 가변성을 포함한 플랫폼 컴포넌트의 실현이라는 점에서 다르다. 이 기법에 대한 이 절의 소개에서는 플랫폼 컴포넌트들의 실현에서 사용할 수 있는 구체적인 가변성 구현 메커니즘들은 다루지 않았다.

D) 참고문헌

플랫폼 컴포넌트 실현에 관한 내용은 [Pohl 05]Chapter 12 Section 12.4를 참고하라. [Pohl 05]Chapter 12 Section 12.5에서는 플랫폼 실현 단계에서의 바인딩 적용 시점에 대해 소개한다. 제품 구성의 실현에 관련된 내용은 [Pohl 05]Chapter 12 Section 12.6에 나온다.

관련 연구

[Ommering 00]과 [Ommering 02]는 가전 제품의 제품군을 소프트웨어 제품라인 개발 방법을 써서 개발할 때 적용할 수 있는 컴포넌트 기반 개발방법으로 Koala 컴포넌트 모델을 소개한다. Koala 컴포넌트는 플랫폼 컴포넌트의 설계, 개발, 재사용의 단위이다.

3.6 플랫폼 시험

플랫폼 시험에서는 앞서 수행된 플랫폼 개발 단계들의 산출물들을 검증한다. 그림 3.6-1은 플랫폼 시험의 V-모델을 보여준다. 그림에서 플랫폼 요구공학 산출물들은 플랫폼 시스템시험 시험 항목들을 도출하는데 사용되고 이 시험 항목들은 플랫폼 시스템의 시험에 활용된다. 플랫폼 아키텍처는 플랫폼 통합시험 시험 항목들을 도출하는데 사용되고 이 시험 항목들은 플랫폼 통합시험에 활용된다. 플랫폼 실현 단계에서는 플랫폼 컴포넌트의 단위시험 시험 항목들을 도출하고 이 시험 항목들은 플랫폼 컴포넌트의 단위시험에 활용된다.

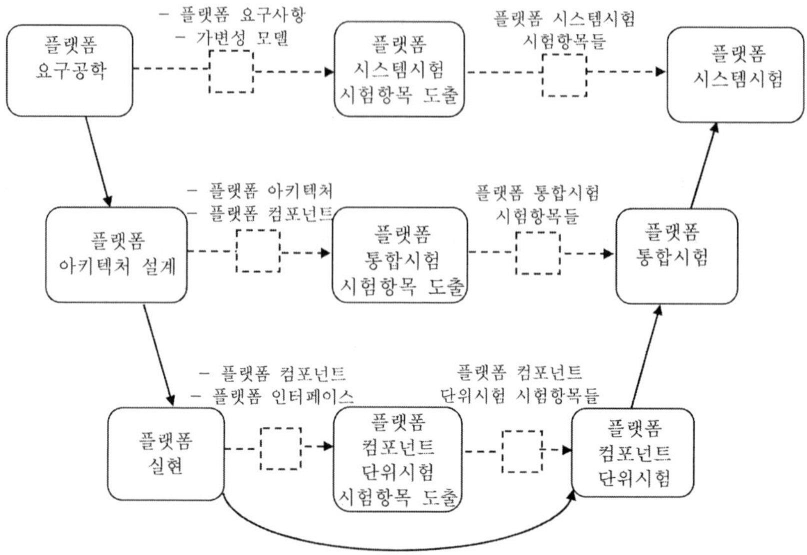

그림 3.6-1. 플랫폼 시험을 위한 V-모델

■ T_PL_T_1: 제품라인 시험 전략[Pohl 05]

A) 용도

제품라인 시험은 제품 시험과 다르게 제품라인 가변성을 고려해야 한다. SPLD에서는 플랫폼 개발 동안에 제품라인 가변성 전체를 구현하지 않는 경우가 많기 때문에 플랫폼 시험은 실행 가능하지 않는 산출물을 대상으로 수행될 수 있다. 따라서 제품라인 시험을 효과적으로 수행하기 위해서는 가변성을 다루는 방법을 포함하는 원칙들을 우선적으로 정해야 하고 이에 기반하여 시험 전략을 수립해야 한다. 그러면 수립된 시험 전략에 따라 구체적인 시험 계획을 세우고 수행할 시험 활동들과 시험에 활용할 기법들을 결정할 수 있다.

B) 절차

제품라인 시험 접근 방법을 적용하지 않는다면, 플랫폼 개발 단계에서 모든 가능한 제품에 대하여 모든 레벨의 시험-즉, 단위시험, 통합시험, 시스템시험-을 수행하거나 아니면 제품 개발 단계에서 개발된 제품에 대하여 시험을 해야 한다. 전자의 방법의 경우, 예를 들어 제품라인이 10개의 가변점을 갖고 각 가변점이 3개의 가변값을 갖는다면 310개의 제품 구성을 시험하게 되어 시험에 지나치게 많은 시간과 노력이 소요된다. 후자의 방법의 경우 시험 산출물의 체계적인 재사용이 없을 뿐 아니라, 제품 개발 단계에서 시험이 수행되어 결함이 늦게 발견되고 결함 수정 비용이 큰 단점이 있다.

[Pohl 05]에 따르면 다음의 시험 전략이 가능하다[80]:

- *공통성 및 재사용 전략*(Commonality and Reuse Strategy): 이 전략은 플랫폼 시험에서 공통적인 부분들을 시험하고 가변 부분의 시험을 위한 플랫폼 시험 산출물들을 준비한 뒤, 제품 시험에서는 플랫폼 시험 동안 준비된 시험 산출물들을 재사용하여 특정 제품들을 시험한다. 이 전략은 플랫폼 시험 자산에 대한 체계적인 재사용을 실현할 수 있는 장점을 가진다.
- *샘플 제품 전략*(Sample Application Strategy): 이 전략은 플랫폼 시험 단계에 하나 혹은 몇 개의 대표적인 제품을 선택하여 시험한다. 따라서 제품들을 대표할 수 있는 표본 제품의 선택을 위한 전략이 필요하다. 샘플 제품이기 때문에 이 전략에서는 플랫폼 통합시험이 가능하다. 그렇지만, 모든 가변성들에 대한 시험이 이루어지지 않기 때문에 핵심 자산들에 대한 품질 보증이 충분히 이루어지지 않고, 플랫폼 시

---

80. [Pohl 05]는 전자의 방법을 *전수시험 전략*(Brute Force Strategy) 후자의 방법을 *순수 제품 전략*(Pure Application Strategy)이라고 불러, 총 4개의 제품라인 시험 전략에 대하여 설명하였다. 그러나 전수시험 전략과 순수 제품 전략은 제품라인 시험이 지향하는 시험 산출물의 재사용을 하지 못하기 때문에 제품라인 시험 접근 방법이라고 보기 어렵고 따라서 이 책에서는 제품라인 시험 전략에서 제외하였다.

험에서 모든 제품들의 시험이 이루어지지 않기 때문에 그러한 제품들을 시험하기 위한 방법이 필요하다.

어떤 전략을 선택하느냐에 따라 플랫폼 시험 대상의 범위와 시험 기법의 선택이 달라질 수 있다.

시험산출물의 생성 시기, 구현되지 않은 가변값, 이른 검증, 학습에 소요되는 노력, (불필요한 활동으로 인해 소비되는 노력인) 오버헤드의 다섯개의 측면에서 이 전략들의 효과를 분석한 결과가 표 3.6-1에 있다.

표 3.6-1. 제품라인 시험전략 비교표([Pohl 05])

시험전략 분석관점	공통성 및 재사용 전략	샘플 제품 전략
시험산출물 생성 시기	+	0
구현되지 않은 가변값[81]	+	+
이른 검증	0	+
학습에 소요되는 노력	-	+
오버헤드	+	-

+: 긍정적 효과를 가진다 -: 부정적 효과를 가진다 0: 중립적이다

C) 파급효과

공통성 및 재사용 전략을 선택할 경우 활용할 수 있는 여러 제품라인 시험 방법들이 제안되었다(제 3.6절의 관련 연구 참조).

D) 참고문헌

제품라인 시험 전략에 대한 내용은 [Pohl 05]Chapter 13을 참고하라.

81. Absent Variants. 플랫폼 개발 단계에서 구현되지 않은 가변값들로, 여기서는 이러한 가변값들이 제품라인의 시험에 지장을 초래하는 지의 여부를 말한다.

■ T_PL_T_2: 체계적인 소프트웨어 제품라인 시험[Kang 15]

A) 용도

체계적인 소프트웨어 제품라인 시험 SSPLT(Systematic Software Product Line Testing)는 제품라인 시험 항목을 도출하는 하나의 방법이 아니라 제품라인 시험 항목을 도출하는 다양한 방법을 제공하는 틀이다. SSPLT는 체계적으로 제품라인의 플랫폼 시험과 제품 시험을 수행할 수 있도록 하기 위하여 (1) 바인딩의 형성 시점, (2) 바인딩의 적용 시점, 그리고 (3)시험 데이터 결정 시점을 고려한다. 이 세 요소의 다양한 선택에 의해 제품라인 시험은 다양한 수준의 재사용 기회를 갖는다.

B) 절차

그림 3.6-2는 SSPLT의 접근 방법을 보여준다.

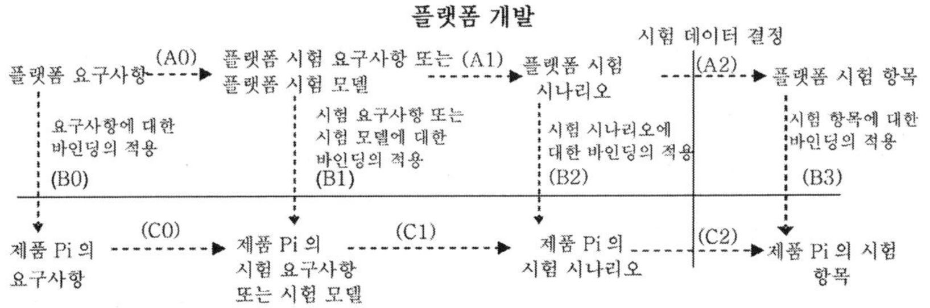

그림 3.6-2. SSPLT의 다양한 시험 항목 도출 경로

SSPLT의 플랫폼 개발에서는, 플랫폼 요구 사항들로부터 플랫폼 시험 요구 사항 또는 플랫폼 시험 모델을 먼저 도출하고, 제품 개발에서는, 바인딩의 적용과 시험 데이터의 결정에 의해 제품 시험 항목들을 도출한다. 하나의 시험 요구 사항 또는 시험 모델은 하나 혹은 그 이상의 시험 시나리오가 되고, 하나의 시험 시나리오는 실제 시험 데이터 값이 정해짐으로써 시험 항목

이 된다.

그림 3.6-2에서 오른쪽으로 가는 화살표를 따라 시험 요구사항으로부터 시험 항목들이 만들어지고, 위에서 아래로 가는 화살표가 중간의 수평선을 건넘으로써 플랫폼 수준의 시험 산출물들로부터 제품수준의 시험 산출물들이 만들어진다. 제품라인 시험이 단일 제품의 시험과 근본적으로 다른 점은 플랫폼 시험 산출물들에 바인딩을 적용하여 제품 시험 산출물을 만드는데 있다. 그러나, 플랫폼 시험 시나리오로부터 제품 시험 항목이 만들어지기 위해서는 가변성이 해소되어야 할 뿐 아니라 시험 데이터가 결정되어야 한다. 가변성이 해소되기 위해서는 B0, B1, B2, B3의 바인딩 적용 중 하나를 거쳐야 하고, 시험 데이터가 결정되기 위해서는 시험 도출이 왼쪽에서 오른쪽으로 진행되는 과정에 A2 또는 C2를 통과해야 한다. 따라서 SSPLT에서 특정 제품 Pi를 위한 시험 항목을 도출할 수 있는 가능한 경로는 그림 3.6-2가 보여주는 바와 같이 다음과 같다:

경로1: B0-C0-C1-C2

경로 2: A0-B1-C1-C2

경로 3: A0-A1-B2-C2

경로 4: A0-A1-A2-B3

따라서 제품라인 시험을 위한 구체적인 시험 도출 방법은 이 경로들 중 하나를 택해야 한다.

C) 파급 효과

대부분의 제품라인 시험 방법들은 요구 사항으로부터 시험 항목을 도출하는 과정에 SSPLT에서 고려하는 시험 요구 사항, 시험 모델, 시험 시나리오와 시험 항목의 네 개의 개념들을 전부 이용하지는 않는다. 예를 들어, 시험 요구 사항이나 시험 모델로부터 시험 시나리오를 거치지 않고 바로 시험 항목들을 도출하는 방법도 있다. SSPLT는 다양한 제품라인 시험 방법들의 도출 절차를 설명할 수 있게 이 네 개의 개념들을 다 포함하고 있다.

D) 참고문헌

[Kang 15]는 위의 경로들 가운데 경로 4를 택하여 시험 데이터를 재사용하기 위해 공통성을 이용하는 방법을 소개한다.

■ T_PL_T_3: 중복 시험을 줄이는 효율적인 제품라인 시험 [Jung 20]

A) 용도

이 방법은 공통성 및 재사용 전략을 사용하는 방법으로, 제품라인 시험 항목은 공통 시험 항목, 공유 시험 항목, 제품 특정 시험 항목으로 구별되는데, 공통 시험 항목과 공유 시험 항목을 단 한 번만 시험함으로써 중복 시험을 줄여서 제품라인 시험 및 제품라인의 회귀시험에서 불필요한 시험을 줄일 수 있다. 시험 항목들이 *결정적*(deterministic)[82]인 경우, 코드 수준에서 시험 항목을 자동으로 구분함으로써 중복적인 시험을 파악하여 회피할 수 있다.

B) 절차

단계 1) 제품군 생성

제품군의 공통 부분과 가변 부분을 시험하기 위해 먼저 제품라인의 코드베이스로부터 제품별 소스코드와 제품별 시험 항목들의 집합을 생성한다. 따라서 이 제품군 시험 항목 집합의 각 시험 항목은 그 시험 항목이 해당되는 제품들의 리스트를 가진다.

단계 2) 소스코드 체크섬 계산

시험 항목의 실행이 결정적일 때, 하나의 시험 항목이 두 제품의 소스코드의

82. 시험 항목이 결정적이라는 말은 보다 정확히는 주어진 시험 대상에 대해 시험 항목의 실행이 결정적임을 뜻한다. 즉 해당 시험 항목이 주어진 시험 대상에 대해 두 번 이상 실행되어도 항상 동일한 실행 흐름과 동일한 시험 결과를 만든다.

동일한 부분을 실행(traverse)하면 이 시험 항목의 두 실행은 동일한 결과(즉, pass or fail)를 만들고 따라서 동등(equivalent)하다. 따라서, 두 실행 중 하나는 불필요하며, 앞선 실행 결과를 다른 실행을 대신해서 재사용할 수 있다.

이 방법은 시험 항목의 두 실행이 동일한 소스코드를 시험하는지 판단하기 위해서 제품군을 구성하는 모든 소스코드의 체크섬을 담은 테이블을 생성한다. 동일한 소스코드는 동일한 체크섬을 갖는다. 따라서 표 3.6-2의 제품 P1, P2, P3의 Foo class는 동일한 코드이고, 제품 P1, P3의 Bar class 또한 동일한 코드이다. 반면, 제품 P2, P3의 Baz class는 서로 다른 코드이다.

표 3.6-2. 체크섬 테이블의 예

클래스 / 제품	Foo class	Bar class	Baz class
P1	9da53bba	8a841cc2	-
P2	9da53bba	-	30cea121
P3	9da53bba	8a841cc2	f253ab1c

단계 3) 바이트코드 삽입과 시험 항목 실행

시험 항목이 실행하는 코드 부분을 추출하기 위해, 실행되는 코드를 출력하는 바이트코드를 기존 소스코드의 바이너리에 삽입한다. LLVM(Low Level Virtual Machine)과 BCEL(Bytecode Engineering Library)은 바이트코드 삽입을 위해 많이 사용되는 라이브러리이다. 바이트코드가 삽입된 바이너리에 시험 항목을 실행하면 시험 항목이 실행하는 코드 부분이 실행 순서에 따라 수집된다.

단계 4) 시험 항목의 동등한 실행의 식별

표 3.6-2의 체크섬 테이블을 활용하여 시험 항목의 동등한 실행을 식별하여 회피할 수 있다. 예를 들어, 표 3.6-2에서 Foo class는 제품 P1, P2, P3에서 동

일하므로, Foo class를 시험하는 시험 항목은 제품 P1, P2, P3에서 동일하게 실행되어 같은 시험 결과를 낸다. 따라서, 시험 항목을 세 제품 중 한 제품에서 실행하고 그 결과를 다른 두 제품에 재사용한다. 마찬가지로, Foo class와 Bar class를 시험하는 시험 항목은 제품 P1, P3에서 동일하게 실행되므로, 두 제품 중 한 제품에서만 실행한 뒤, 그 결과를 다른 제품에 재사용한다.

단계 1에서 생성된 제품군 시험 항목 집합을 S라고 하면 단계 4에서는 다음의 하위 단계들을 순차적으로 수행한다:

단계 4-1) S에서 하나의 시험 항목을 선택한다.

단계 4-2) 선택된 시험 항목에 따라 단계4-2a, 단계4-2b, 단계4-2c 중 하나가 수행된다:

단계 4-2a) 선택된 시험 항목이 제품 특정 시험 항목이면 대상 제품에서 실행한다.

단계 4-2b) 선택된 시험 항목이 공통 시험 항목이면 다음을 수행한다:

단계 4-2b1) 전체 제품 목록의 임의의 한 제품을 선택하여 시험 항목이 시험하는 코드들의 체크섬이 이전에 시험된 제품의 코드들과 동일하면 실행을 생략하고 그렇지 않다면 실행하고 단계 4-2b2를 수행한다.

단계 4-2b2) 전체 제품 목록에서 선택된 제품을 제외한 뒤 남은 제품이 없으면 단계 4-3으로 가고, 남은 제품이 있으면 단계 4-2b1을 수행한다.

단계 4-2c) 선택된 시험 항목이 공유 시험 항목이면 다음을 수행한다:

단계 4-2c1) 공유 제품 목록의 임의의 한 제품을 선택하여 시험 항목이 시험하는 코드들의 체크섬이 이전에 시험된 제품의 코드들과 동일하면 실행을 생략하고 그렇지 않다면 실행한다.

단계 4-2c2) 공유 제품 목록에서 선택된 제품을 제외한 뒤 남은 제품이 없으면 단계 4-3으로 가고, 남은 제품이 있으면 단계 4-2c1을 수행한다.

단계 4-3) 실행된 시험 항목을 S에서 삭제하고 S에 남은 시험 항목이 있으면 단계4-1~단계4-2를 반복한다.

C) 파급효과

대부분의 플랫폼 시험 방법들은 잘 관리된 플랫폼 아키텍처, 플랫폼 또는 플랫폼 시험 항목을 요구하는 반면, 이 방법은 제품별 소스코드와 시험 항목만 활용해서 시험 비용을 줄인다. 또한, 시험 항목의 동등한 실행을 식별하는 오버헤드가 매우 적기 때문에 규모가 큰 제품 라인에도 효과적이다.

D) 참고 문헌

[Jung 20]은 중복 시험을 줄이는 효율적인 제품라인 시험방법을 소개한다.

관련 연구

공통성 및 재사용 전략을 사용하는 시험 항목 도출 방법으로 SSPLT[Kang 15] 외에 ScenTED(Scenario based TEst case Derivation)[Reuys 05][Reuys 06]가 있다. ScenTED 방법은 모델기반 시험 방법을 SPLD에 맞게 수정한 방법이다. 제품 시험에서는 해당 제품을 위한 바인딩의 적용과 시험 수준에서의 바인딩 정보에 따라 해당 제품을 위한 시험 모델과 시험 항목들을 도출한다. 따라서 ScenTED 방법은 그림 3.6-2의 A0-A1-B2의 경로를 따라 시험 항목들을 도출한다고 볼 수 있다. ScenTED방법을 확장하여 데이터 흐름 기반의 시험도출을 하는ScenTED-DF 방법[Stricker 10]은 A0-B1의 경로를 따른다. 그러나 이 두 방법은 모두 시험 데이터의 결정을 다루지 않기 때문에 그림 3.6-2의 C2 또는 B3에 도달하지 못하는 방법이다.

[Lee 20]은 제품라인 시험에서 선택한 시험 전략과 시험 방법에 따라 기존 연구들이 적용하고 있는 시험 커버리지 기준들을 조사한 결과를 제공하고 있다.

제4장

제품 개발 단계

제 I부 3장에서 제품 개발 단계군을 제품 개발이 실제로 일어나는 단계들로 정의하였다. 이 장에서는 제 I부 3장 그림 3-1의 제품 개발 단계군의 각 단계가 단일 시스템 개발에서의 해당 단계와 어떤 차이가 있는지 알아본다.

4.1 제품 요구공학

제품 요구공학 단계에서는 플랫폼 요구사항으로부터 제품에 해당되는 가변값들과 재사용될 수 있는 해당 플랫폼 요구사항 산출물들을 결정한 후 제품 요구공학을 수행한다. 제품라인 개발에서 특정 제품의 요구사항을 식별하고 문서화하는 것은 단일 시스템 개발에서의 요구공학 활동과 다음과 같은 점에서 다르다:

- 제품의 이해관계자의 제품 요구사항을 추출할 때 제품라인의 공통성과 외부 가변성을 고려하고 플랫폼 요구사항을 기반으로 외부 가변성의 가변점과 관련된 가변값들, 의존 관계에 있는 가변점/가변값들을 파악한다. 이러한 활동을 통하여 플랫폼 요구사항 산출물에 정의된 가변성의 바인딩으로 충족될 수 있는 이해관계자의 요구사항과 그렇지 않은 요구사항들이 분류된다. 이렇게 분류된 이해관계자의 요구사항들은 전자의 경우에는 플랫폼 요구사항을 재사용하여 제품 요구사항

을 도출한다. 후자의 경우에는 제품 이해관계자의 요구사항을 수용할 지에 대한 판단을 하여 수용하기로 할 경우 아래와 같이 플랫폼 요구사항들과 제품 요구사항들 간의 *차이*(delta)를 평가한다.

- 플랫폼 요구사항들과 제품 이해관계자의 요구사항들간의 차이를 평가하는 활동은 플랫폼 요구사항들이 완전히 충족시키지 못하는 이해관계자 요구사항들을 수용하기로 결정했을 때 필요하다. 이 차이로 인해 기존의 외부 가변성이 수정될 수도 있고 공통인 요구사항이 가변적인 요구사항으로 바뀔수도 있다. 구체적으로 이 차이는 다음과 같이 가변성 모델, 플랫폼 및 제품 요구사항, 플랫폼 아키텍처에 영향을 미칠 수 있다:

  - 플랫폼 요구사항에 변경이 일어나지 않고, 기존의 플랫폼 요구사항으로부터 바인딩의 적용으로 얻은 요구사항을 수정하여 이해관계자 요구사항을 충족시킨다.
  - 플랫폼 요구사항에 새로운 가변값이 추가되거나 가변성 유형과 가변성 제약사항에 대한 변경이 요구될 수 있다. 이해관계자 요구사항은 수정된 플랫폼 요구사항들로부터 바인딩의 적용으로 얻을 수 있다.
  - 변경된 플랫폼 요구사항을 반영하기 위해 플랫폼 아키텍처의 인터페이스들과 컴포넌트들을 수정해야할 수도 있고 플랫폼 컴포넌트들만의 변경이 필요할 수도 있다.

따라서 차이를 플랫폼 및 제품 요구사항, 플랫폼 아키텍처에 반영하기 위한 노력, 컴포넌트들의 실현에 필요한 노력, 유지보수에 필요한 모든 노력의 관점에서 평가해야 한다. 그리고 이러한 평가 결과에 따라 이해관계자 요구사항을 수용하기 위해 플랫폼 요구사항을 수정해야 할지 아니면 제품 특정 요구사항으로 반영할지 판단해야 한다.

- 제품 요구사항명세는 (a) 재사용된 요구사항들, (b) 제품 요구사항들

과 플랫폼 요구사항들 간의 차이들, (c) 제품 요구사항들과 관련된 플랫폼 요구사항들로의 추적성을 포함하여 문서화해야 한다. 재사용된 요구사항은 수정없이 사용한 공통 요구사항[83]과 바인딩의 적용으로 제품 요구사항을 얻은 플랫폼 요구사항을 의미한다.

관련 연구

[Pohl 05]Chapter 15는 OVM을 기반으로 한 제품 요구공학 방법을 설명한다. OVM 기반 제품 요구공학 방법은 제품 가변성 모델을 사용하는데 이와 관련된 상세한 내용은 [Pohl 05]Chapter 2 Section 2.7에 나온다. [Käkölä 06]Part II Chapter 5는 제품 요구공학에서 OVM을 이용하는 방법과 이 방법의 장점을 설명하고, 시나리오 기반 제품 요구공학 활동을 예제로 제시한다. PuLSE-I(PuLSE-Instantiation)[Bayer 00]의 플랫폼 모델 인스턴스화 단계(Instantiate Product Line Model)는 플랫폼 요구사항(PuLSE-CDA[84])으로부터 제품 요구사항을 도출하는 방법을 설명하고 있다.

4.2 제품 아키텍처 설계

제품 아키텍트의 책임은 추상화, 모델링, 시뮬레이션, 프로토타이핑 등에 있어서는 단일 시스템 개발에서의 아키텍트의 책임과 유사하다. 그러나 제품라인 개발은 아키텍트가 이러한 활동들을 공통 부분, 공유 부분, 제품 특정 부분을 갖는 제품군을 대상으로 수행해야 한다는 점에서 단일 제품 개발과 다르다. 플랫폼 아키텍처는 제품 개발에서 재사용할 수 있는 많은 의사결정들을 포함한다. 제품 아키텍처는 플랫폼 아키텍처에 해당 제품의 바인

83. 공통 요구사항은 가변점을 포함하지 않는 플랫폼 요구사항이다

84. "CDA"는 "Customizable Domain Analysis"의 머리글자이다.

딩을 적용하여 이를 구체화한 후 필요한 수정을 하고 제품 특정 부분들을 추가함으로써 제품 아키텍처를 설계한다. 제품 아키텍처 설계는 단일 시스템 개발에서의 아키텍처 설계와 다음과 같은 점에서 다르다:

- 제품 아키텍트는 플랫폼 아키텍처에 없는 제품 특정 요구사항들과 관련된 제품 특정 측면들에 대한 추상화를 추가할 수 있다. 이 경우, 그 결과는 일관된 제품 아키텍처가 되도록 플랫폼 아키텍처에 정의된 추상화들과 통합될 수 있고 혹은 제품 특정의 추가적인 모델들로 구체화될 수 있다. 플랫폼 아키텍처가 제품 아키텍처로 구체화되면서 보다 실질적인 시뮬레이션이 수행될 수 있어서, 제품 아키텍트는 특정 구성에 대한 통찰을 얻기 위해 시뮬레이션을 하기도 하고 제품 특정 가변값들을 평가하기 위해서 시뮬레이션을 하기도 한다.
- 바인딩 적용의 결과로 제품을 구성할 컴포넌트들이 선택된다. 제품 아키텍트는 제품의 전반에 영향을 줄 수 있는 가변값들 간의 선택에 책임이 있다. 컴포넌트들을 선택할 때에는 가변값에 대한 정보가 서로 다른 컴포넌트들에 분산되어 있기 때문에 컴포넌트 가변값들이 일관된 구성을 갖도록 주의를 기울여야 한다.

관련 연구

[Pohl 05]Chapter 16은 컴포넌트 프레임워크 기반 제품 아키텍처 설계 방법을 제시한다. PuLSE-I[Bayer 00]의 플랫폼 아키텍처 인스턴스화 단계(Instantiate Reference Architecture)는 PuLSE-DSSA에서 구축한 아키텍처 의사결정 모델과 플랫폼 아키텍처로부터 제품 아키텍처를 생성하고 검증하는 활동을 수행한다.

4.3 제품 실현

제품 실현은 플랫폼 컴포넌트에 바인딩을 적용하여 얻은 제품 컴포넌트나 해당 제품만을 위하여 설계된 제품 컴포넌트들에 대하여 상세설계와 구현을 수행하고 그 결과들과 핵심 자산들을 사용하여 제품을 구성한다. 제품 실현은 단일 시스템 개발에서의 제품 실현과 다음과 같은 점에서 다르다:

- 제품 개발자는 재사용할 플랫폼 컴포넌트들을 선택하고 선택된 플랫폼 컴포넌트에 바인딩을 적용하여 제품 컴포넌트들을 얻는다. 해당 제품만을 위하여 설계된 제품 컴포넌트들은 단일 시스템 개발에서와 같은 방법으로 실현된다. 이 후자의 제품 컴포넌트들의 경우에도 플랫폼 인터페이스들이 재사용될 수 있는 경우가 많이 있는데, 그 이유는 이들 컴포넌트들이 플랫폼 아키텍처에 정의된 이들에 관련된 모든 인터페이스들을 가지고 있어야 하기 때문이다.
- 제품 개발자는 제품 컴포넌트들 및 인터페이스들을 구성하여 제품을 구축하며, 사용된 구성 메커니즘과 바인딩 적용 단계에 따라 가변성에 바인딩을 적용하여 컴포넌트 가변값들을 컴파일하고 링크하여 실제 운영될 하드웨어에 탑재한다.

관련 연구

컴포넌트 프레임워크 기반 제품 구현에 대해서는 [Pohl 05]Chapter 17에서 논의한다. PuLSE-I[Bayer00]의 제품 실현(Product Construction) 단계는 기존 핵심 자산들의 재사용, 핵심 자산이 제공하지 않는 자산들에 대한 구현, 제품 특정 부분에 대한 구현을 통하여 제품 코드를 생성한다. PuLSE-I와 PuLSE-Eco, PuLSE-CDA, PuLSE-DSSA와의 관계는 [Bayer 00]Figure 2에서 확인할 수 있다.

4.4 제품 시험

공통성 및 재사용 전략 또는 샘플 제품 전략을 적용하여 제품라인 시험을 수행할 경우 제품시험은 단일 시스템 개발에서의 시험과 다음과 같은 점에서 다르다:

- 플랫폼 시험 산출물을 재사용 한다. 이를 위해서는 플랫폼 시험 산출물에 정의된 가변성을 어떻게 제품별로 바인딩해야 하는지 알아야 하고, 플랫폼 시험의 시험 항목들 중 적용할 수 있는 시험 항목들을 찾을 수 있게 하는 추적성 링크가 있어야 한다.
- 가변성으로 인하여 각 레벨에서의 시험이 다음과 같은 차이점을 갖는다:
  - 제품 단위시험은 기본적으로 컴포넌트 명세에 따라 단일 컴포넌트들을 시험하는 시험으로, 컴포넌트들의 공통 기능의 시험을 위하여 플랫폼 컴포넌트 시험 항목들을 재사용한다. 컴포넌트의 공통 부분들이 가변값의 특정 조합 또는 제품 특정한 수정에 의해 올바로 동작하지 않을 수 있기 때문에, 공통 기능의 경우에도 단위시험을 반복해야 할 수 있다.
  - 제품 통합시험은 제품의 컴포넌트들 간의 상호작용을 확인하는 시험으로, 공통 컴포넌트들 간, 가변 컴포넌트들의 바인딩된 가변값들 간, 제품 특정의 컴포넌트들 간의 상호작용들에 대한 확인을 해야한다. 플랫폼 시험에서 수행된 통합시험 항목들이 제품의 특정 구성에서의 모든 컴포넌트들의 상호작용을 확인하기 위해 재실행될 수 있다.
  - 제품 시스템시험은 제품이 제품 요구사항명세를 만족하는지 확인한다. 플랫폼 개발에서는 제품 특정 가변값들이 없었고 플랫폼 산출물들은 구성가능하지 않았기 때문에 대부분의 시스템시험 시험항목들이 제품 시스템 시험에서 실행되게 된다. 공통성 및 재사용 전략이 적용된 경우에는 가변값을 바인딩하여 도메인 시스템시험

산출물들을 재사용할 수 있다. 요구사항을 기준으로 보면 제품 시스템시험은 (a) 재사용된 공통 요구사항, (b) 재사용된 가변 요구사항, (c) 수정된 요구사항, (d) 새로운 요구사항에 대하여 수행된다.

- 제품 시험 관리 활동에서는 다음과 같은 차이점이 있다:
  - 제품 시험 계획 수립 시 시험 노력 추정을 플랫폼 시험에서 정의된 공통적인 시험 방법과 산출물들을 기반으로 하고 시험 전략과 도구 지원의 결정을 주로 플랫폼 시험 단계에 한다.

관련 연구

[Pohl 05]Chapter 18 Section 18.4는 제품 단위 시험, 제품 통합 시험, 제품 시스템 시험에 대하여 설명한다.

제5장

개선 단계

개선 단계의 활동으로 그림 5-1과 같이 제품라인 역량 개선 활동과 제품라인 진화 활동이 있다.

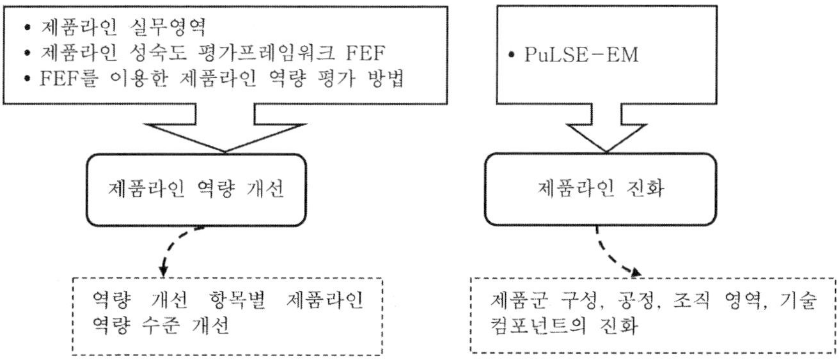

그림 5-1. 개선 단계의 활동

5.1 제품라인 역량 개선

■ T_IM_1: 제품라인 실무영역

A) 용도

제품라인 실무영역은 제품라인을 개발하고자 하는 조직이 갖추어야 하는 실무 역량들을 식별한 결과로, 조직이 (a) 필수적인 실무영역들을 이해하고, (b) 단일 제품 개발에서의 실무 영역들과 제품라인 실무 영역들이 어떻게 다른지 알수 있고, (c) 해당 실무영역들을 조직의 보유 역량과 비교함으로써 조직의 제품라인 역량을 파악할 수 있도록 한다. CMU/SEI가 정의한 제품라인 실무영역인 제품라인 프레임워크(A Framework for Software Product Line Practice[Clements 02])는 그림 5.1-1 과 같이 제품라인의 실무영역을 29개로 정의한다.

1. 비즈니스 케이스 구축
2. 획득 전략 개발
3. 예산확보
4. 시장분석
5. 조직차원의 계획
6. 조직구성
7. 기술 예측
8. 고객 응대 관리
9. 운영
10. 조직차원의 위험관리
11. 훈련
12. 론칭과 제도화

1. 범위결정
2. 기술 계획
3. 데이터 수집, 척도, 추적
4. 기술적 위험의 관리
5. 개발/구매/마이닝/위탁 결정분석
6. 형상관리
7. 도구지원
8. 공정 정의

1. 관련 도메인에 대한 이해
2. 요구공학
3. 기존자산의 마이닝
4. 아키텍처 정의
5. 아키텍처 평가
6. COTS 활용
7. 컴포넌트 개발
8. 소프트웨어 시스템 통합
9. 시험

그림 5.1-1. 제품라인 실무 영역들

B) 절차

제품라인 실무영역들은 그림 5.1-1과 같이 조직관리 실무영역군(郡), 기술관리 실무영역군, 소프트웨어공학 실무영역군으로 나뉜다.[85]

조직관리 실무영역군은 전체 제품라인 개발을 지원(enable)하고 지휘(orchestrate)하는 실무영역들로 구성되며, 세부적으로는 제품라인 적용을 위한 준비와 계획하는 실무영역들(실무영역1~7), 제품라인 단위부서들이

85. 단일 소프트웨어 개발 생명주기 공정을 정의하고 있는 국제 표준인 [ISO12207 08]과 비교하면 조직관리 실무영역군은 조직의 프로젝트 실현 공정 그룹에, 기술관리 실무영역군은 기술관리 공정 그룹에 그리고 소프트웨어공학 실무영역군은 기술 공정 그룹에 대응된다.

플랫폼을 구축하고 플랫폼을 재사용하여 제품을 개발하기 위해 수행할 구체적인 활동들을 위한 실무영역들(실무영역 8~11), 조직이 제품라인 적용을 시작하거나 기존의 제품라인 적용 프랙티스를 확장 또는 개선해 나가는 활동을 위한 실무영역(실무영역 12)을 포함한다.

기술관리 실무영역군은 플랫폼 구축과 제품 개발, 플랫폼과 제품들의 진화를 관리하는 실무영역들로 구성되며, 세부적으로는 제품라인에서 무엇을 어떻게 구축할 것인지를 판단하기 위한 실무영역들(실무영역1, 2), 제품라인 적용 현황을 측정하고 평가하기 위한 실무영역들(실무영역 3, 4), 플랫폼 구축과 제품 개발의 원활한 실행을 위한 실무영역들(실무영역 5~8)로 구성된다.

소프트웨어공학 실무영역군은 플랫폼을 구축하고 제품을 개발하며 이들을 진화시키는 실무영역들로 구성되며 제 I부 3장 그림 3-1의 SPLD 공정이 이 실무영역이 적용되는 범위이다. 기술관리 실무영역군의 실무영역들은 소프트웨어공학 실무영역군의 실무영역들을 관리(manage)하고 지원(support)한다.

C) 파급효과

CMU/SEI의 제품라인 프레임워크는 각 실무영역들의 프랙티스가 단일 제품 개발과 어떻게 다른지를 설명하지만, 실무영역의 구체적인 목표, 프랙티스들은 제공하지 않는다.

D) 참고문헌

[Clements 02]는 CMU/SEI의 제품라인 실무영역들을 기술한 제품라인 프레임워크를 설명한다. CMU/SEI의 제품라인 프레임워크 최신 버전은 CMU/SEI의 자료들을 제공하는 사이트[86]에서 확인할 수 있다. 제 II부 1장 1.1절의

86. https://resources.sei.cmu.edu/library/asset-view.cfm?assetid=495357

SPLD 기술력 진단의 PLTP가 이 제품라인 프레임워크를 기반으로 수행된다.

■ T_IM_2: 제품라인 성숙도 평가 프레임워크 FEF

A) 용도

FEF(Family Evaluation Framework: 제품라인 성숙도 평가 프레임워크)[87]는 부서(department), 사업 단위(business unit), 사업부(division) 또는 기업 전체 조직의 SPLD 수행 역량을 평가하는데 이용되며, SPLD의 프랙티스들의 평가, 특히 SPLD의 핵심인 플랫폼 개발과 제품 개발의 실행 능력과 가변성 관리 능력의 평가를 통하여 SPLD 수행역량을 평가한다. 이와 같은 방법으로 FEF는 제품라인 도입 전에 조직의 준비도(readiness)를 평가하는데 이용될 수 있으며, 특히 조직이 SPLD를 도입해야 할지에 대한 의사결정을 진행하는 단계에서 조직이 현재 보유한 역량, 부족한 역량을 심사하고 역량에 맞는 SPLD 도입 방법, 범위를 설정하는데 이용될 수 있다. 제품라인 도입 이후에도 성공적인 제품라인 정착과 지속적인 진화를 위해 조직의 제품라인 역량 수준과 개선 항목 도출에 이용될 수 있다.

B) 절차

FEF는 그림 5.1-2에서와 같이 비즈니스(B), 아키텍처(A), 공정(P), 조직(O)의 4개 영역(BAPO라고 함)의 성숙도를 레벨 1부터 레벨 5까지의 5개 레벨로 평가한다. BAPO의 4개의 영역은 더 세부적으로 13개의 측면으로 나뉜다.

FEF를 사용하여 성숙도를 심사할 때 평가를 점증적으로 수행할 수도 있고 영역별로 수행할 수도 있다. 영역별로 심사할때, 조직이 비즈니스 영역의 성숙도가 레벨 3'관리됨'으로 평가되며 아키텍처 영역에서는 레벨 1'개별적 개발'로 평가될 수 있다. 그러나 어느 한 영역의 성숙도가 낮으면 다른 영역의 성숙도도 낮아지는 경향이 있다.

---

87. FEF는 유럽의 일련의 SPL 프로젝트인 ESAPS, CAFE, FAMILIES의 산출물이다.

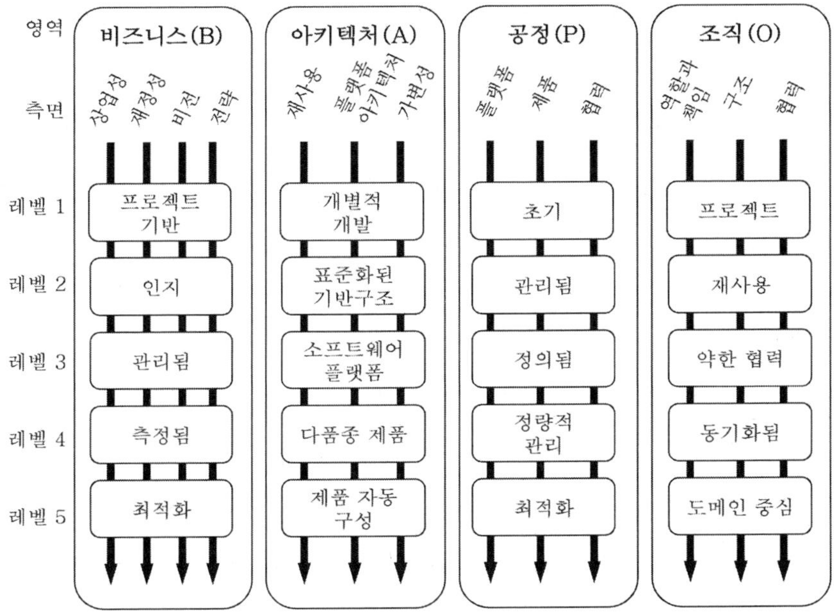

그림 5.1-2. FEF([Linden 07])

FEF의 BAPO 중 공정 영역의 경우, 플랫폼 개발 단계와 제품 개발 단계는 CMMI를 적용하여 성숙도를 평가할 수 있다. BAPO의 나머지 영역의 경우, 각 성숙도 레벨의 세부 측면들의 일반적인 상황(typical situation)을 이용하여 성숙도를 평가할 수 있다. CMMI와 마찬가지로 FEF 모델은 활동, 모델링, 구조화, 책임 또는 태스크에 대한 구체적인 방법은 제시하지 않는다.

C) 파급효과

제품라인 성숙도 진단은 제품라인을 성공적으로 도입하기 위하여 제품라인 도입 전에부터 수행되어야 하며 제품라인 진화 과정에서도 조직의 강점과 약점, 개선점을 도출하기 위하여 지속적으로 수행될 필요가 있다.

D) 참고문헌

FEF는 [Linden 07]Chapter 6을 참고하라.

■ T_IM_3: FEF를 이용한 제품라인 역량 평가

A) 용도

이 기법은 제품라인 조직이 조직의 제품라인 성숙도 심사결과에 따라 개선 항목을 도출하고, 실천 계획(action plan)을 수립하며, 상태 모니터링 및 수정행동을 취하도록 지원한다.

B) 절차

제품라인 역량 개선은FEF 모델에 따른 심사결과에 따라 제품라인 조직이 비즈니스 목적을 달성하기 위하여 BAPO의 4개 영역에서 어떤 기술력을 개선해야 하는지를 파악하여 개선하는 활동이다. 다음 예는 BAPO영역에 대한 성숙도 심사결과가 어떻게 역량 개선으로 이어질 수 있는지를 보여준다.

예제 5.1-1.

예제 5.1-1. 제품라인 조직 ABC에 FEF를 적용하여 성숙도를 심사한 결과를 그림 5.1-3과 같이 각 영역별 측면별로 동그라미로 표시하였다. 그림 5.1-3에 따르면 ABC는 B영역에서는 레벨3, A영역에서는 레벨4, P영역에서는 레벨2, O영역에서는 레벨3 수준에 해당하는 역량을 갖고 있다. 세부적으로 보면, ABC는 B 영역의 모든 측면에서 레벨 3으로 평가되었고 A 영역의 모든 측면에서 레벨 4로 평가되었다. P 영역에서는 플랫폼 개발 측면은 레벨 3을 받았으나 제품 개발과 협력 측면의 경우 레벨 2로 평가되었다. O 영역에서 조직 구조 측면에서는 레벨 4이나 역할과 책임, 협력 기법 측면에서는 레벨 3으로 평가되었다.

ABC회사는 자사의 성숙도를B영역에서는 레벨3에서 4로, A영역에서는 레벨4에서 4로, P영역에서는 레벨2에서 4로, O영역에서는 레벨3에서 4로 개선하고자 한다. 이를 위해 역량 수준이 제일 낮은P 역량을 먼저 개선하는 전략을 채택하기로 한다.

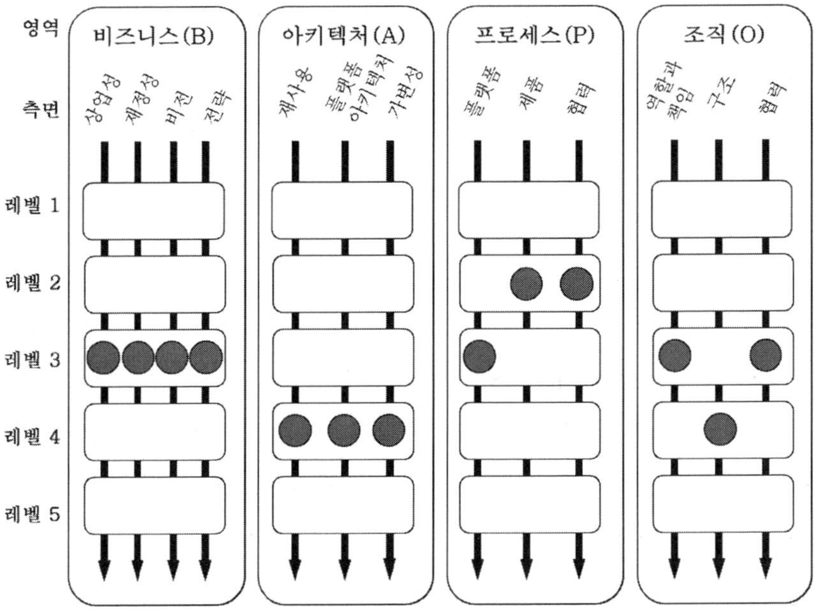

그림 5.1-3. ABC 회사의 성숙도 심사 결과

P역량을 레벨 2에서 4로 개선하기 위해서는, 먼저 현재의 레벨 2에서 레벨 3로 P 역량을 개선한 뒤 레벨 4로 개선해야 한다. 이를 위해 현재 P역량의 플랫폼 개발 측면은 레벨 3이나 제품 개발 측면과 협력 측면이 레벨 2이기 때문에 이 측면들의 역량을 먼저 레벨 3로 높여야 한다. 예를 들어 제품 개발 측면의 경우 이 측면의 프랙티스로서 단일 제품 개발 관련 자산이나 제품 개발 동안에 산출된 자산들 중 핵심 자산으로 정제, 개선할 수 있는 것들을 잘 구분해야 레벨 3 수준에 도달한다. 공정 영역인 P영역의 역량 레벨은 CMMI의 해당 레벨의 역량을 의미하며, 공정 영역에서 레벨 4에 도달하기 위해서는 플랫폼 개발, 제품 개발, 협력 측면의 공정이 정량적으로 측정되어 관리되도록 개선해야 한다.

B영역의 역량 수준을 레벨 4로 개선하기 위해서는 측정 역량을 갖추어야 하는데, 중요한 측정 역량의 하나로 가변성으로 인한 비용과 이득을 포함하여, ABC가 제품라인을 통하여 달성하고자 하는 비즈니스 목표(예를 들

면, 생산성, 품질, 시장출시시간 등과 관련된 목표)에 대한 측정 역량을 갖추어야한다.

O영역에서는 플랫폼 개발과 제품 개발의 역할과 책임이 잘 조정되고 긴밀히 협력하도록 개선해야 한다.

C) 파급효과

FEF 모델에 따라 얻은 심사결과는 제품라인 조직이 비즈니스 목적을 달성하기 위하여 BAPO의 4개 영역에서 어떤 기술력을 개선해야 할 것인지를 기술한 심사결과(findings)와 그에 따른 실행권고(recommendations) 및 실행항목(action items)을 포함한다.

D) 참고문헌

FEF를 적용한 심사결과에 따라 제품라인 조직의 역량을 개선하는 예는 [Linden 07]Chapter 6 Section 6.7을 참고하라.

5.2 제품라인 진화

■ T_IM_4: 제품라인 진화관리 PuLSE-EM

A) 용도

PuLSE-EM(Evolution and Management)는 제 2장 2.2절에서 소개된 PuLSE 제품라인 소프트웨어공학 방법론의 기술 컴포넌트들 중 하나로, PuLSE-EM은 제품라인 기반구조의 진화 및 관리 활동에 필요한 기술적 노하우를 제공한다.

B) 절차

제 2장 2.2절 그림 2.2-1에서 볼 수 있듯이, 배치 단계들 중 하나인 제품라인의 진화 및 관리 단계는 PuLSE 착수, 제품라인 기반구조 구축, 제품라인 기

반구조 사용 단계들의 산출물들의 진화를 관찰하고 제어한다. PuLSE-EM은 다른 기술 컴포넌트들과 마찬가지로 PuLSE가 적용될 조직의 니즈에 맞추어 수정되어 적용되어야 한다.

PuLSE 착수, 제품라인 기반구조 구축, 제품라인 기반구조 사용에서 변경 요청이 발생할 때, PuLSE-EM은 이 요청들을 통합하고 평가하여 이 요청으로 인한 산출물의 수정이 다른 산출물들에 미칠 (잠재적) 영향을 결정한 후, 해당 요청를 처리할 관련된 PuLSE의 기술 컴포넌트들이 적절한 단계를 다시 시작하도록 한다. 예를 들어, PuLSE-DSSA를 적용하여 플랫폼 아키텍처를 설계하는 동안 COTS 컴포넌트의 변경이 발생할 수 있다. 이 변경은 PuLSE-Eco가 적용되는 제품라인 범위결정에 영향을 미칠 수 있으며 이로 인해 PuLSE-CDA의 산출물에 대한 변경이 필요할 수 있다.

C) 파급효과

제품라인의 진화는 시장, 기술, 경쟁자와 같은 환경의 변화에 의해서 일어날 수 있다. 이러한 변화는 제품군 구성을 포함하여 공정, 조직 영역의 진화를 요구할 수 있으나 PuLSE-EM은 이러한 유형의 제품라인의 진화는 고려하고 있지 않다.

D) 참고문헌

[Bayer 99]는 PuLSE의 기술 컴포넌트인 PuLSE-EM(Evolution and Management)를 설명한다.

관련 연구

PLTP[Clements 02]의 결과 또한 제품라인 역량 개선을 위한 실행항목을 도출하는데 사용될 수 있다.

제 III 부

SPLD 개발 예제

제 III부는 두 개의 제품라인 개발 예제를 각각 제 1장과 2장에서 보인다. 제품라인의 도입 운영 절차는 제 I부 5장 5.1절에서 설명한 바와 같이 탐색 단계, 도입 단계, 플랫폼 개발 단계, 제품 개발 단계, 개선 단계로 진행되는데, 이 예제들에서는 이미 도입이 결정되어 도입 단계가 완료되었다고 가정하고 플랫폼 개발 단계와 제품 개발 단계의 진행 만을 보인다.

제1장

SPLD 적용 예제 I : 계산기 제품군 개발

이 장의 내용은 [강성원 17]제 II부 1장에서 가져왔다. 이 예제는 [강성원 17]이 제시하는 체계적인 소프트웨어 제품라인 개발 방법(Systematic Software Product Line Development: SSPLD)을 따른 예제이다. SSPLD는 SPLD에서 플랫폼 산출물과 제품 산출물이 갖는 기본적인 관계로서의 인스턴스화 관계 외에, 각 개발단계의 주요 산출물별로 가변성 모델을 요구하며 각 산출물 간에는 가변적 요소들과의 추적성까지 포함하여 추적성을 명시적으로 정의할 것을 요구한다. 이 예제에서는 SPLD의 기본적인 개발 과정의 소개에 초점을 맞추어 추적성은 산출물 간의 맵핑으로 간략히 소개하고 플랫폼 시험과 제품 시험은 생략한다.

1.1 플랫폼 개발

1.1.1 제품라인 범위결정

이 장의 계산기 제품군은 개발 복잡도가 높지 않고 가변성과 피처가 많지 않은 제품군이기 때문에 경제성 분석 없이 도입하기로 결정하였다. 또한 개발 대상 제품군 AA를 두 개의 제품 A1과 A2로 구성하기로 결정하였다.

다음은 제품군 AA에 대한 요구사항이다.

제품군 AA에 대한 요구사항

기능 요구사항

FR_T) The system provides a TUI.[88]

FR_B) The system performs +, -, * and / operations.

FR_A1) The system performs modular operation('fmod') and quotient operation('fquot').

FR_A2) Alternatively to FR_A1, the system performs power operation('pow') and logarithm operation('log').

제약사항

C_1) The system should reuse the existing component for fmod and fquot operations.

C_2) Existing code for fmod and fquot operations was implemented in CompA1.

C_3) The system should reuse the existing component for pow and log operations.

C_4) Existing code for pow and log operations was implemented in CompA2.

가변성 제약사항[89]

VC_1) FR_A1 requires C_1 and C_2.

VC_2) FR_A2 requires C_3 and C_4.

제품군 요구사항명세에서 'Alternatively(다른 대안으로)'는 제품군의 가변성을 나타내는 표현으로, 위의 제품군 요구사항에서는 FR_A1과 FR_A2 중 하나만이 제품의 요구사항이 될 수 있음을 나타낸다.

---

88. 텍스트 사용자 인터페이스(Text User Interface)

89. 여기의 가변성 제약사항은 제 II부 3장 3.1절 표 3.1-2의 표기를 사용하고 있지는 않지만, 해당 절의 T_PL_1의 기술에서 논의된 것처럼 제품들이 충족시켜야 하는 조건으로서 제품군의 모든 제품에 적용되는 공통성의 표현이다.

위의 제품군 요구사항을 충족시키는 제품들로 계획된 제품 A1과 A2에 대한 요구사항은 다음과 같다.

제품 A1에 대한 요구사항

기능 요구사항

FR_T) The system provides a TUI.

FR_B) The system performs +, -, * and / operations.

FR_A1) The system performs fmod and fquot operations.

제약사항

C_1) The system should reuse the existing component for fmod and fquot operations.

C_2) Existing code for fmod and fquot operations was implemented in CompA1.

제품 A2에 대한 요구사항

기능 요구사항

FR_T) The system provides a TUI.

FR_B) The system performs +, -, * and / operations.

FR_A2) The system performs pow and log operations.

제약사항

C_3) The system should reuse the existing component for pow and log operations.

C_4) Existing code for pow and log operations was implemented in CompA2.

1.1.2 플랫폼 요구공학

이제 SPLD를 적용하여 제품군 요구사항을 플랫폼 요구사항명세로 바꾼다.

요구사항명세 산출물(혹은 문서)은 전통적인 소프트웨어 개발에서와 같이 요구공학 공정에 의하여 만들어진다. 단일 시스템 개발에서의 요구사항명세와의 차이점은 플랫폼 요구사항명세에 가변점이 포함될 수 있다는 것이다.

다음에 나오는 플랫폼 요구사항을 포함하여 제 1장과 2장의 SPLD 을 적용한 플랫폼 산출물들은 [강성원 17]에서 소개된 제품라인 산출물 작성표(Product Line Artifact Description Table: PLADT)를 사용하여 기술한다.

플랫폼 요구사항

제품군 AA에 대한 요구사항들로부터 다음과 같이 정형화된 플랫폼 요구사항명세를 만들 수 있다.

<table>
<tr><td>PL Artifact Name</td><td colspan="3">ReqsAA::Platform Requirements</td></tr>
<tr><td rowspan="5">Product Line Design</td><td colspan="2">Platform</td><td><u>기능 요구사항</u>
FR_T) The system provides a TUI.
FR_B) The system performs +, -, * and / operations.
FR_A12[vpOP]) The system performs vpOP operations.

<u>제약사항</u>
C_13[vpOP]) The system should reuse the existing component for vpOP operations.
C_24[vpOP, vpCompA]) Existing code for vpOP operations was implemented in vpCompA.

<u>가변성 제약사항</u>
VC_12[vpOP, vpCompA]) FR_A12[vpOP] requires C_13[vpOP] and C24[vpOP, vpCompA].</td></tr>
<tr><td colspan="2">VP Declarations</td><td>vpOP: “fmod and fquot”, “pow and log”;
vpCompA: CompA1, CompA2</td></tr>
<tr><td colspan="2">Variability Constraints</td><td>vpOP. “fmod and fquot” req vpCompA.CompA1;
vpOP. “pow and log” req vpCompA.CompA2</td></tr>
<tr><td rowspan="2">Bind
-
ings</td><td>Reqs$_{A1}$</td><td>[vpOP\ “fmod and fquot”, vpCompA \CompA1]</td></tr>
<tr><td>Reqs$_{A2}$</td><td>[vpOP\ “pow and log”, vpCompA \CompA2]</td></tr>
</table>

제품군 AA의 플래폼 요구사항명세 ReqsAA는 위의 PLADT의 VP Declarations 구역에 정의된 것처럼 *vpOP*와 *vpCompA*를 가변점으로 가지며, *vpOP*는 연산 쌍을 의미하는 스트링 "fmod and fquot"과 "pow and log"를 *vpCompA*는 컴포넌트 CompA1과 CompA2를 각각 가변값들로 갖는다.

Variability Constraints 구역에서는 VP Declarations 구역에 정의된 가변점과 가변값을 사용하여 제품군 AA에 대한 요구사항 중 가변성 제약사항을 기술한다.

플랫폼 요구사항명세에서 요구사항의 이름은 가변점들을 매개변수로 포함하여, 그 요구사항이 가변성을 갖고 있는 요구사항임을 강조한다. 가변점 매개변수는 요구사항 안에 해당 가변점이 한 번 이상 나올 수 있음을 나타낸다. 제품 요구사항은 플랫폼 요구사항의 가변점들이 해당 제품을 위한 요구사항 바인딩에 정의된 특정한 가변값들로 대입되어 생성된다.

위의 PLADT의 FR_T와 FR_B는 제품라인 범위결정에 나오는 요구사항들과 동일한 요구사항들이고, FR_A12는 제품라인 범위결정에 나오는 요구사항들인 FR_A1과FR_A2의 공통성을 추상화한 플랫폼 요구사항이다. "FR_A12[*vpOP*]"는 *vpOP*에 "fmod and fquot"가 대입될 경우에는 그 인스턴스가 FR_A1이 되고, "pow and log"가 대입될 경우에는 FR_A2가 된다. C_13, C_24, 그리고 VC_12도 마찬가지로 요구사항 C_1과 C_3, C_2와 C_4 그리고 VC_1과 VC_2의 공통성을 각각 추상화한 플랫폼 요구사항들이다.

1.1.3 플랫폼 아키텍처 설계

제품 아키텍처 설계 결정과 플랫폼 아키텍처 설계 결정의 차이점은, 플랫폼 아키텍처 설계 결정에 가변점이 포함될 수 있다는 것이다.[90] 이 예제의 플랫폼 아키텍처는 논리뷰와 모듈뷰만을 설계한다. 또한 아키텍처 설계과정을 간략히 보이기 위해 아키텍처 설계 결정($\mathcal{D}$1)과 구현 결정($\mathcal{D}$2)을 명시적으로 모델링하지 않고 자연어로 설명한다.[91]

90. 제 II부 3장 3.1절T_PL_4의 논의와 표 3.1-7을 참조.

91. 아키텍처 설계 결정과 구현 결정을 명시적으로 보인 예들을 [강성원 17]에서 볼 수 있다.

플랫폼 요구사항에서 플랫폼 아키텍처 논리뷰로의 맵핑

논리뷰 설계를 위하여 기능 요구사항 FR_T을 구현하는 컴포넌트로 CompTUI를 두고 기능 요구사항 FR_B를 구현하는 컴포넌트로 CompB를 두는 설계 결정을 내린다. 이 두 요구사항을 하나의 컴포넌트로 구현하지 않고 두 개의 독립된 컴포넌트로 나누어 구현하기로 결정한 이유는 플랫폼 요구사항에 나와 있지는 않지만 제품의 변경과 확장에 용이하게 대응하기 위해서이다. CompA1과 CompA2는 플랫폼 요구사항에서 요구된대로 기존의 컴포넌트를 재사용한다.

플랫폼 아키텍처 논리뷰

<table>
<tr><td>Artifact Name</td><td colspan="3">LArch_{AA}::Platform Architecture Logical View</td></tr>
<tr><td rowspan="6">Product Line Design</td><td colspan="2">Platform</td><td>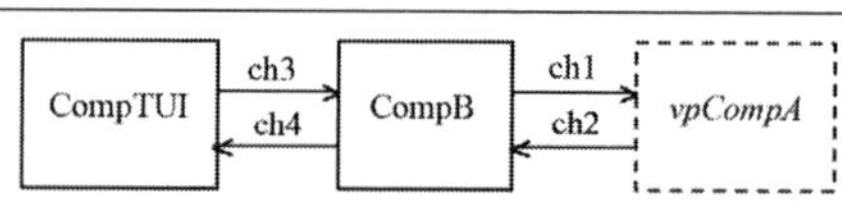
</td></tr>
<tr><td colspan="2">VP Declarations</td><td>vpCompA : CompA1, CompA2</td></tr>
<tr><td colspan="2">Variability Constraints</td><td></td></tr>
<tr><td rowspan="2">Bindings</td><td>LArch_{A1}</td><td>[vpCompA \CompA1]</td></tr>
<tr><td>LArch_{A2}</td><td>[vpCompA \CompA2]</td></tr>
</table>

$LArch_{AA}$의 플랫폼 아키텍처에서 CompB와 가변 컴포넌트 *vpCompA*를 연결하는 커넥터 ch1과 ch2는 실선으로 표시되어 가변적이지 않음을 나타내고 있다. 따라서 ch1과 ch2는 *vpCompA*의 일부로 구현되어서는 안된다.

위의 표에서 $LArch_{A1}$과$LArch_{A2}$의 바인딩의 가변점은 *vpCompA*만을 담고 있으나, 아키텍처는 시스템과 컴포넌트들의 요구사항을 이미 포함하기 때문에 플랫폼 요구사항의 가변점 *vpOP*도 플랫폼 아키텍처의 가변점의 하나이다. 예를 들어 컴포넌트 가변점인 *vpCompA*는 플랫폼 요구사항 FR_A12를 구현하는 가변 컴포넌트인데 FR_A12는 가변점 *vpOP*를 포함하기 때문에 전체 플랫폼 아키텍처는 가변점 *vpOP*를 포함한다고 보아야 한다.[92] 이와 같이 시스템 전체에 대한 요구사항은 아키텍처 설계를 통하여 시스템을 구성하는 컴포넌트들의 요구사항들로 분할되고 상세화되어 각 컴포넌트들은 자신의 요구사항을 할당 받게되고, 플랫폼 컴포넌트는 자신의 플랫폼 요구사항을 갖게된다. 이 책에서는 산출물의 표현을 간략히 하고 산출물들의 중요한 도출과정을 강조시키기 위하여, 컴포넌트의 요구사항은 일일이 명시하지 않는다. 또한 같은 이유로 PLADT에 모든 대입을 열거하여 바인딩을 완전히 보이는 대신 Platform구역에 나타나는 가변점에 대한 대입만을 바인딩에 명시적으로 포함시킨다. 따라서 이와 같이 바인딩이 명시적으로 나타난 대입 이외의 묵시적인 대입을 포함하는 경우에는 사용자는 완전히 정의된 바인딩을 먼저 복구한뒤 이를 플랫폼 산출물에 적용해야 한다.

플랫폼 아키텍처 논리뷰에서 플랫폼 아키텍처 모듈뷰로의 맵핑

이 예제에서는 모듈뷰 아키텍처 설계를 간단히 하기 위해 논리뷰의 컴포넌트들을 그림 1.1-1 과 같이 모듈들로 알대일 맵핑하기로 한다.

논리뷰 요소	모듈뷰 요소
CompTUI	program TUI
CompB	procedure B
vpCompA	if *vpCompA* == CompA1 then include begin . . . end if *vpCompA* == CompA2 then include begin . . . end
CompA1	procedure A1
CompA2	procedure A2

그림 1.1-1. 논리뷰 요소의 모듈뷰 요소로의 맵핑

그림 1.1-1에서 논리뷰의 컴포넌트들과 모듈들이 일대일로 맵핑되어 새로운

92. 엄밀히 말해서 요구사항 타입의 가변점 *vpCompA*와 *vpOP*가 같은 이름의 논리뷰 타입 가변점들로 일대일 맵핑된 것이다.

가변점이 발생하지 않았다.[93] 그림 1.1-1에서 "if _ _ _ then include begin . . . end" 의 표현은 "_ _ _"의 조건이 참이면 ". . ." 의 코드가 포함되고 그렇지 않으면 포함되지 않도록 하라는 코드 해석기 혹은 번역기에 대한 지시이다.

플랫폼 아키텍처 모듈뷰

<table>
<tr><td>Artifact Name</td><td colspan="3">$MArch_{AA}$::Platform Architecture Module View</td></tr>
<tr><td rowspan="5">Product Line Design</td><td colspan="2">Platform</td><td>Program TUI   Procedure B   vpCompA</td></tr>
<tr><td colspan="2">VP Declarations</td><td>vpCompA : : Procedure A1, Proceddure A2</td></tr>
<tr><td colspan="2">Variability Constraints</td><td></td></tr>
<tr><td rowspan="2">Bindings</td><td>$MArch_{A1}$</td><td>[vpCompA\Procedure A1]</td></tr>
<tr><td>$MArch_{A2}$</td><td>[vpCompA\Procedure A2]</td></tr>
</table>

1.1.4 플랫폼 실현

계산기는 작은 시스템이기 때문에 플랫폼 실현을 위해 아키텍처 설계 이외의 상세 설계 없이 구현에 들어간다. 플랫폼 구현은 플랫폼 아키텍처를 플랫폼 구현으로 맵핑하는 플랫폼 구현 결정의 결과로 만들어는데, 플랫폼 구현 결정은 아키텍처 요소와 구현 요소에 각각 아키텍처 가변점과 구현 가변점이 포함될 수 있다는 점에서 제품 구현 결정과 다르다.

플랫폼 아키텍처에서 플랫폼 구현으로의 맵핑

모듈뷰 플랫폼 아키텍처의 각 모듈에 할당된 플랫폼 요구사항의 기능을 모듈 안에 구현하고 모듈들 간의 연결을 구현하기 위하여 플랫폼 아키텍처 논리뷰를 참조한다.

93. 엄밀히 말해서 논리뷰 타입의 가변점들이 모듈뷰 타입의 가변점들로 맵핑된것이다.

플랫폼 구현

다음은 제 1.1.3절의 모듈뷰 플랫폼 아키텍처의 각 컴포넌트를 구현한 플랫폼 구현 Imp_{AA}의 코드이다.

PL Artifact Name	Imp_{AA} :: Platform Implementation	

Product Line Design	Platform	program TUI
		OP: string; x, y: real
		ReadOperation(OP); ReadNumber(x);
		ReadNumber(y);
		WriteNumber(B(OP,x,y));
		end program
		
		procedure B(OP: string; x, y: real); real
		result: real;
		case OP of
		"+": result := (x + y);
		"-": result := (x − y);
		"*": result := (x * y);
		"/" : result := (x / y);
		vpOperator1: result := *vpCallA*(OP, x,y);
		vpOperator2: result := *vpCallA*(OP, x,y);
		end case;
		return result;
		end procedure
		if *vpCompA* == CompA1
		then include begin
		procedure A1 (OP:string; x,y:real):real
		case OP of
		"fmod": return (x fmod y);
		"fquot": return (x fquot y);
		end case;
		end procedure
		end
		if *vpCompA* == CompA2
		then include begin
		procedure A2 (OP:string; x,y:real):real
		case OP of
		"pow": return pow(a,b);

			"log": return log(x,y); end case; end procedure end
	VP Declarations		*vpCompA*: CompA1, CompA2 *vpOperator1*: "fmod", "pow" ; *vpOperator2*: "fquot", "log" ; *vpCallA*: A1, A2
	Variability Constraints		*vpOP*.“fmod and fquot” m-req *vpCompA*.CompA1 m-req (*vpOperator1*."fmod" ∧ *vpOperator2*."fquot") m-req *vpCallA*.A1; *vpOP*.“pow and log” m-req *vpCompA*.CompA2 m-req (*vpOperator1*."pow" ∧ *vpOperator2*."log") m-req *vpCallA*.A2
	Bind - ings	Imp$_{A1}$	[*vpComp*\CompA1, *vpOperator1*\"fmod", *vpOperator2*\"fquot", *vpCallA*\A1]
		Imp$_{A2}$	[*vpComp*\CompA2, *vpOperator1*\"pow", *vpOperator2*\"log", *vpCallA*\A2]

위 표의 Platform 구역의 구현은 “if 〈가변점〉 == 〈가변값〉 then include begin 〈포함될 코드〉 end”의 전처리를 위한 문법을 사용하여, 전처리기가 바인딩을 적용하여 나온 “〈가변점〉 == 〈가변값〉”의 값에 따라 비교로 “〈포함될 코드〉”의 포함 여부를 결정하도록 한다.

Imp$_{AA}$는 가변점을 도입하기 위하여 MArch$_{AA}$의 가변점(*vpCompA*)을 이용하기도 하고, 새로운 가변점들(*vpOperator1*, *vpOperator2*)을 정의하기도 하였다.

*vpCompA*는 procedure B에 있는 ‘*vpCallA*’의 표현으로 대표되는데, 구현에서는 *vpCompA*의 가변성을 *vpCompA*의 가변값과 *vpCallA*의 가변값의 일치성, 즉 호출과 호출되는 프로그램 간의 일치성으로 구현하였다. *vpOperator1*와 *vpOperator2*는 구현요소의 가변점으로 MArch$_{AA}$에는 나타나지 않지만 Imp$_{AA}$에 나타난다.

1.2 제품 개발

제품 개발에서는 제품 A1과 A2를 위한 주요 산출물인 요구사항, 아키텍처, 구현만을 보인다.

1.2.1 제품 요구공학

제품 요구사항명세는 플랫폼 요구사항명세를 인스턴스화하여 도출한다.

제품 요구사항

$Reqs_{A1}$ :: **Requirements**
기능 요구사항 FR_T) The system provides a TUI. FR_B) The system performs +, −, * and / operations. FR_A1) The system performs fmod and fquot operations. 제약사항 C_1) The system should reuse the existing component for fmod and fquot operations. C_2) Existing code for fmod and fquot operations was implemented in CompA1.

$Reqs_{A2}$ :: **Requirements**
기능 요구사항 FR_T) The system provides a TUI. FR_B) The system performs +, −, * and / operations. FR_A2) The system performs pow and log operations. 제약사항 C_3) The system should reuse the existing component for pow and log operations. C_4) Existing code for pow and log operations was implemented in CompA2.

1.2.2 제품 아키텍처 설계

제품 아키텍처는 플랫폼 아키텍처를 인스턴스화하여 도출한다.

제품 아키텍처 논리뷰

플랫폼 아키텍처 논리뷰 $LArch_{AA}$로부터 다음과 같이 제품 A1의 논리뷰 $LArch_{A1}$와 제품 A2의 논리뷰$LArch_{A2}$가 생성된다.

제품 아키텍처 모듈뷰

플랫폼 아키텍처 모듈뷰 $MArch_{AA}$로부터 다음과 같이 제품 A1의 모듈뷰 $MArch_{A1}$와 제품 A2의 모듈뷰$MArch_{A2}$가 생성된다.

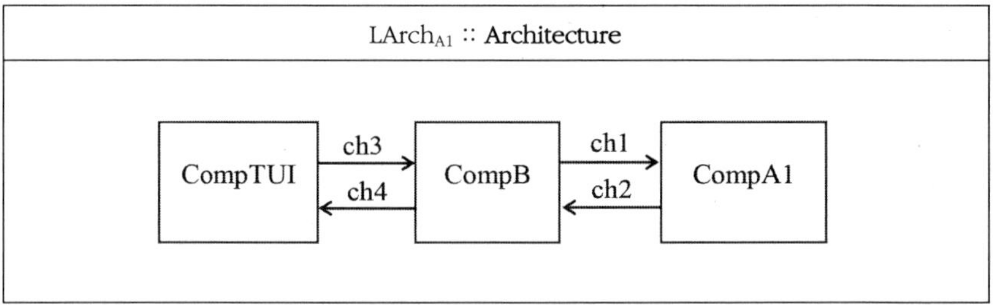

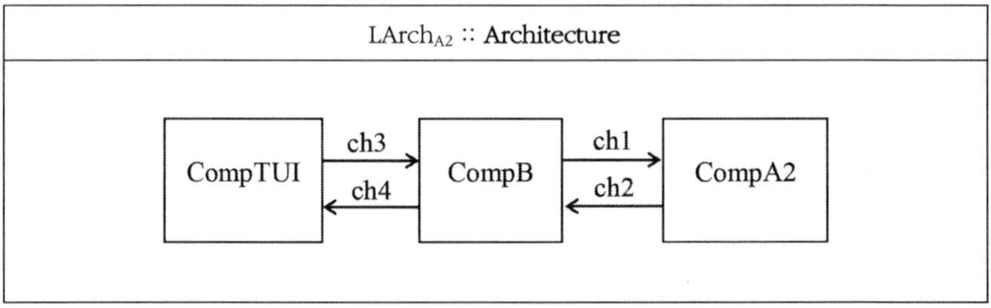

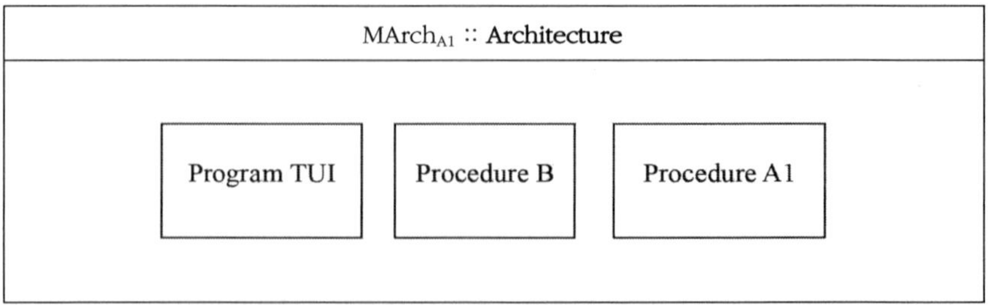

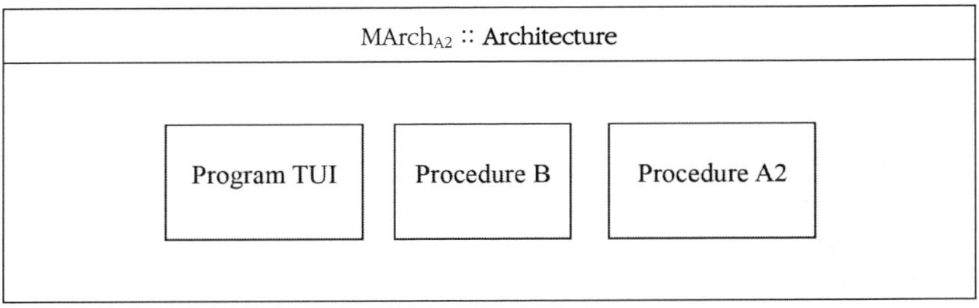

1.2.3 제품 실현

제품 A1과 제품 A2의 구현 Imp_{A1}과 Imp_{A2}는 제 1.1.4절의 플랫폼 구현 Imp_{AA}를 인스턴스화하여 도출한다.

제품 구현

Imp_{A1} :: **Implementation**

```
program TUI
    OP: string;  x, y: real
    ReadOperation(OP);  ReadNumber(x);   ReadNumber(y);
    WriteNumber(B(OP,x,y));
end program

procedure B(OP: string;   x, y: real); real
    result: real;
    case OP of
        "+": result := (x + y);
        "-": result := (x − y);
        "*" : result := (x * y);
        "/" : result := (x / y);
        "fmod" :   result :=  A1(OP,x,y);
        "fquot":   result :=  A1(OP,x,y);
    end case;
    return result;
end procedure

procedure A1 . . .
```

Imp_{A2} :: Implementation

```
program TUI
    OP: string;  x, y: real
    ReadOperation(OP);  ReadNumber(x);   ReadNumber(y);
    WriteNumber(B(OP,x,y));
end program

procedure B(OP: string;   x, y: real); real
    result: real;
    case OP of
        "+": result := (x + y);
        "-": result := (x - y);
        "*" :result := (x * y);
        "/" : result := (x / y);
        "pow": result := A2(OP,x,y);
        "log":  result :=  A2(OP,x,y);
     end case;
    WriteNumber(result);
end procedure

procedure A2 . . .
```

Imp_{A1}은 모듈뷰의 모듈들인 program TUI, procedure B, procedure A1의 구현코드로 구성된다. 모듈들 간의 연결은 플랫폼 아키텍처 논리뷰의 커넥터 ch1, ch2, ch3, ch4가 각각 "procedure A1의 호출", "procedure A1 호출로부터의 반환", "procedure B의 호출", "procedure B의 호출로부터의 반환"으로 구현되었다. Imp_{A2}도 동일한 방식으로 얻어진다.

제2장

SPLD 적용 예제 II: 엘리베이터 시스템 제품군 개발

이 예제에서는 제품군의 제품들이 소프트웨어만이 아닌 소프트웨어와 하드웨어로 구성된 엘리베이터 시스템이다. 지금까지 이 책에서 제품라인 개발의 공정과 기법들을 소프트웨어를 대상으로 설명하였지만, 동일한 공정과 기법들이 소프트웨어와 하드웨어로 구성된 시스템들의 제품라인 개발에도 적용된다.

2.1 플랫폼 개발

2.1.1 제품라인 범위결정

이 장의 엘리베이터 시스템 제품군도 제 1장의 예제와 마찬가지로 복잡도가 높지 않고 가변성과 피처가 많지 않기 때문에 경제성 분석 없이 도입하기로 결정하였다. 개발 대상 제품군은 다음과 같다.

엘리베이터 시스템 개요

이 절의 엘리베이터 시스템의 개요는 [Gomaa 00]Chapter 18에 나오는 엘리베이터 제어 시스템을 모델로 하여 기술되었다.

엘리베이터 시스템

하나의 엘리베이터 시스템은 하나의 ECS(Elevator Control Software: 엘리

베이터 제어 소프트웨어)와 하나의 엘리베이터 시스템 환경, 그리고 이 환경을 공유하는 하나 이상의 엘리베이터로 구성된다.

엘리베이터 시스템 환경

엘리베이터 시스템은 건물 안에서 층 간에 동작하며, 시스템의 사용자는 불특정한 엘리베이터 승객들이다. 엘리베이터 시스템 환경의 구성요소는 다음과 같다:

- 엘리베이터 승객들: 엘리베이터를 타고 건물의 층간을 이동하는 사람들.

그림 2.1-1은 3층 건물용 엘리베이터 시스템을 예로 엘리베이터 시스템이 어떤 하드웨어 부품들로 구성되는지를 보여준다.

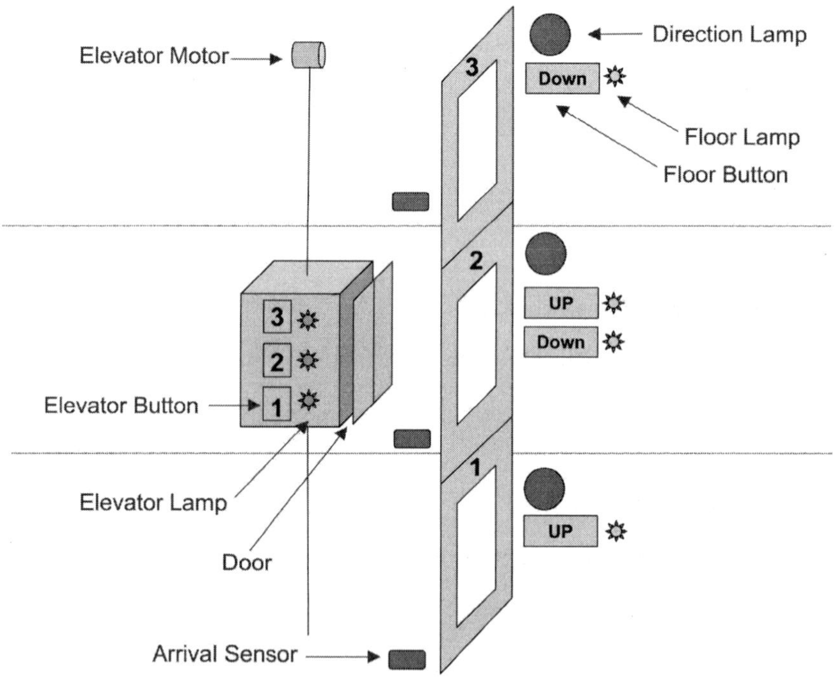

그림 2.1-1. 3층 건물용 엘리베이터 시스템의 하드웨어 부품들

ECS

ECS는 하나 이상의 엘리베이터를 제어한다. ECS는 여러 층에 있는 승객들의 요청에 따라 엘리베이터를 스케줄링하고 엘리베이터의 동작을 제어한다.

엘리베이터

각 엘리베이터는 다음의 요소들을 포함한다:

- 목적지 버튼들(elevator buttons): 목적지를 선택하기 위해서 승객은 목적지 버튼을 누른다.
- 목적지 램프들(elevator lamps): 목적지 버튼들에 상응하며 엘리베이터가 방문할 층을 나타낸다.
- 엘리베이터 모터(motor): 위로 이동, 아래로 이동 또는 정지의 명령에 의해 제어된다.
- 엘리베이터 문(door): 열기와 닫기의 명령에 의해 제어된다.

엘리베이터 시스템이 동작하는 각 층은 다음과 같은 요소들을 포함한다:

- 방향 버튼들(floor buttons): 승객은 엘리베이터를 요청하기 위하여 위 방향 버튼 혹은 아래 방향 버튼을 누른다.
- 방향 램프들(floor lamps): 요청된 엘리베이터의 진행방향을 나타낸다.
- 도착 센서(arrival sensor): 도착하는 엘리베이터를 감지한다.

각 층에는 한 쌍의 방향 램프가 있어서 도착하고 있는 엘리베이터가 위로 향하는지 아래로 향하는지를 나타낸다. 맨 상위 층과 맨 하위 층에는 하나의 방향 버튼과 하나의 방향 램프만이 있다.

엘리베이터 시스템 사용 시나리오

Id	UC-SD
이름	목적지 선택(Select Destination)
사전조건	승객이 엘리베이터 안에 있다.
기본 흐름	(1) 승객이 위로 가기 위해 목적지 버튼을 누른다. (2) 목적지 버튼은 목적지 층을 식별하여 승객의 요청을 시스템에 보낸다. (3) 새로운 요청이 방문할 층들의 리스트에 추가된다. (4) 만약 엘리베이터가 정지 상태라면 UC-DE를 포함한다. (5) UC-SE를 포함한다. (6) 만약 대기중인 요청들이 있으면 엘리베이터는 승객이 요청한 층에 도달하는 중에 위에 기술된 순차흐름을 따라 요청된 층들을 방문한다.
대안 흐름	기본 흐름의 단계 (1)에서 승객이 아래로 가기 위해 목적지 버튼을 누른다. 기본 흐름 (2)부터 수행한다.
사후조건	엘리베이터는 승객이 요청한 목적지 층에 도착한다.

Id	UC-RE
이름	엘리베이터 호출(Request Elevator)
사전조건	승객이 층에서 대기하고 있고 엘리베이터를 사용하고자 한다
기본 흐름	(1) 승객이 위 방향 버튼을 누른다. (2) 목적지 버튼은 승객이 요청한 층의 숫자를 식별하여 시스템에 보낸다. (3) 시스템은 이 층을 방문할 엘리베이터를 선택한다. (4) 새로운 요청은 방문할 층 리스트에 추가된다. (5) 만약 엘리베이터가 정지 상태이면 UC-DE를 포함한다. (6) UC-SE를 포함한다. (7) 만약 대기중인 다른 요청들이 있으면 엘리베이터는 승객이 요청한 층에 도달하는 중에 위에 기술된 출발과 정지의 순차흐름을 따라 요청된 층들을 방문한다.
대안 흐름	기본 흐름의 단계 (1)에서 승객이 아래 방향 버튼을 누른다. 기본 흐름 (2)부터 수행한다.
사후조건	엘리베이터는 승객이 요청한 층에 도달한다.

Id	UC-SE
이름	엘리베이터 정지(Stop Elevator at Floor)
사전조건	엘리베이터는 이동 중이다.
기본 흐름	(1) 엘리베이터가 이동할 때 도착 센서는 엘리베이터가 접근중인 것을 감지한다. (2) 시스템은 엘리베이터가 정지해야 할지를 확인하고, 만약 정지해야 하면 모터에 명령을 내려 정지시킨다. (3) 엘리베이터가 정지되었을 때 시스템은 엘리베이터 문에게 문을 열도록 명령을 내린다.
대안 흐름	기본 흐름의 단계 (2)에서 엘리베이터는 이 층에 정지할 필요가 없어 정지하지 않는다.
사후조건	엘리베이터는 이 층에 도착하고 문이 열린다.

Id	UC-DE
이름	엘리베이터 출발(Dispatch Elevator)
사전조건	엘리베이터는 문이 열린 상태로 층에 머물러 있다.
기본 흐름	(1) 시스템은 다음 요청을 완수하기 위해서 어느 방향으로 이동을 해야 할지를 결정한다. (2) 시스템은 엘리베이터 문에게 문을 닫는 명령을 내린다. (3) 엘리베이터 문이 닫힌 후에 시스템은 모터에게 위로 이동하라는 명령을 내린다. (4) 엘리베이터는 명령된 방향으로 이동한다.
대안 흐름	기본 흐름의 단계 (3)에서 시스템은 모터에게 아래로 이동하라는 명령을 내린다. 기본 흐름 (4)를 실행한다.
사후조건	만약 엘리베이터가 이동할 층이 없으면 문이 열린 상태로 현재 층에 대기한다.

엘리베이터 시스템 제품군

엘리베이터 시스템 제품군은 제 2.1.1절의 공통요구사항과 다음의 가변성을 갖는 복수개의 엘리베이터 시스템들로 구성된다.

엘리베이터 시스템 제품군의 가변성

엘리베이터 시스템 제품군에는 다음과 같은 가변성이 있다:

- 층수: 3 ~ 5
- 엘리베이터 수: 1 ~ 2
- CPU 개수: 스케줄링을 전담하는 CPU 1개 이외에는 플랫폼 아키텍처 설계 결정에 의해 정해짐
- ECS의 스케줄링 알고리즘: FCFS, LAWT 또는 LEM

엘리베이터 시스템 제품군 요구사항들로부터 아래와 같은 피처들이 식별된다. 가변점을 사용하여 제품군의 피처를 나타내기 위해서 피처를 가변값으로 갖는 가변점도 피처로 보기로 한다.

제품군의 피처들

엘리베이터 시스템 제품군의 피처들은 다음과 같다:

- F1(ECS): 엘리베이터 제어 시스템
- F2(Environment): 엘리베이터 시스템이 갖추어야 하는 환경의 구성요소
- *vpNumOfElevators*: 엘리베이터 시스템이 갖추어야 하는 엘리베이터 수
- F3(1): 1개의 엘리베이터
- F4(2): 2개의 엘리베이터
- *vpNumOfFloors*: 엘리베이터 시스템이 설치된 층수
- F5(3): 3층
- F6(4): 4층
- F7(5): 5층
- *vpNumOfCPUs*: 엘리베이터 시스템 구축에 필요한 CPU 수
- *vpScheduler*: ECS의 스케줄링 알고리즘

- F8(FCFS): FCFS(First-Come-First-Served) 스케줄링 알고리즘
- F9(LAWT): LAWT(Least-Average-Waiting-Time) 스케줄링 알고리즘
- F10(LEM): LEM(Least Elevator Movement) 스케줄링 알고리즘

피처 가변성 모델

그림 2.1-2은 CVM([T_PL_2기법])으로 모델링한 엘리베이터 제품군의 피처 가변성 모델이다.

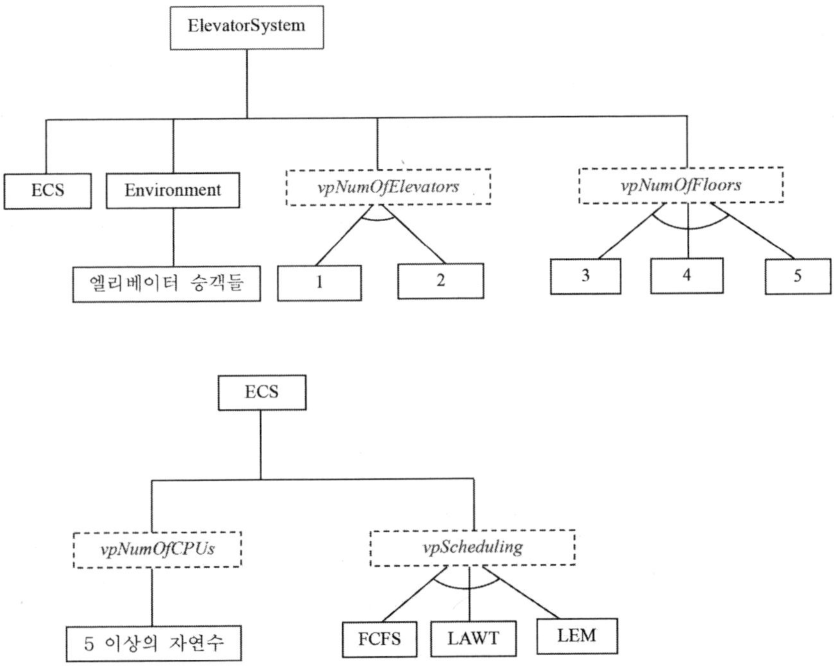

그림 2.1-2. 엘리베이터 시스템 피처 가변성 모델

엘리베이터 시스템 제품군은 그림 2.1-2와 같이 4개의 피처 가변점을 가진다. 그 중 *vpNumOfCPUs*의 가변값은 아키텍처 설계에 의해 결정되는 사항으로, *vpNumOfCPUs*는 제품라인 범위결정에 영향을 미치지 않고 따라서 가능한 제품 수에 영향을 미치지 않는 가변점이라고 가정한다. 나머지 3개의

가변점의 경우 *vpNumOfElevators*의 가변값의 개수가 2, *vpNumOfFloors*의 가변값의 개수가 3, *vpScheduler*의 가변값의 개수가 3이기 때문에 이 피처 가변성 모델로부터 구성될 수 있는 제품의 수는 2×3×3 = 18 개이다. 이 제품들을 P1, P2, P3, … , P18으로 명명하면, 각 제품을 구성하는 피처들은 그림 2.1-3과 같다.

	vpNumOfElevators	*vpNumOfFloors*	*vpScheduler*
P1	2	3	FCFS
P2	2	4	LAWT
P3	2	5	LEM
P4	2	3	LAWT
P5	2	4	LEM
P6	2	5	FCFS
P7	2	3	LEM
P8	2	4	FCFS
P9	2	5	LAWT
P10	1	3	FCFS
P11	1	4	LAWT
P12	1	5	LEM
P13	1	3	LAWT
P14	1	4	LEM
P15	1	5	FCFS
P16	1	3	LEM
P17	1	4	FCFS
P18	1	5	LAWT

그림 2.1-3. 그림 2.1-2의 피처 가변성 모델로부터 구성가능한 제품들

2.1.2 플랫폼 요구공학

제 1장의 예제에서는 플랫폼 산출물을 기술할 때 제 1장 예제 1.2-1에 나오

는 것과 같은 표를 사용하여 기술하였다. 그러나 엘리베이터 시스템 제품군의 예제는 제 1장의 예제보다 규모가 크기 때문에 표의 형식을 사용하는 대신 플랫폼 산출물의 구성요소들- 즉, Platform, VP Declarations, Variability Constraints, Bindings-를 열거하여 플랫폼 산출물들을 기술하며 이들 요소들의 명칭에 밑줄을 그어 이들이 플랫폼 산출물의 요소임을 표시한다. 엘리베이터 시스템 제품군의 플랫폼 요구사항은 다음과 같다.

플랫폼 요구사항

Platform

기능 요구사항

FR1. 엘리베이터 시스템은ECS와 엘리베이터 시스템 환경과 이 환경을 공유하는 [*vpNumOfElevators*[94]] 엘리베이터로 구성된다.

FR2. 엘리베이터 시스템 환경은 엘리베이터 시스템이 동작하는 층수 [*vpNumOfFloors*[95]] 층과 엘리베이터 승객으로 구성된다.

FR3. ECS는 [*vpNumOfElevators*]개의 엘리베이터를 제어한다. ECS는 여러 층에 있는 승객들의 요청에 따라 엘리베이터를 스케줄 하고 엘리베이터의 동작을 제어한다.

FR4. ECS의 스케줄링 알고리즘은 [*vpSchedulingAlgorithm*[96]]을 사용한다.

FR5. 엘리베이터는 버튼들의 집합, 버튼들에 상응하는 목적지 램프들의 집합, 엘리베이터 모터, 엘리베이터 문, 위 방향 버튼, 아래 방향 버튼, 위 방향 램프, 아래 방향 램프로 구성된다.

FR6. 엘리베이터 시스템을 구성하는 CPU는 [*vpNumOfCPUs*]개이다.

FR7. 엘리베이터 시스템은 승객이 엘리베이터 안에서 목적지 층을 선택한 경우, 엘리베이터는 승객이 요청한 층에 도달한다.

---

94. 엘리베이터 시스템이 갖추어야 하는 엘리베이터 수
95. 엘리베이터 시스템이 설치된 층수
96. ECS의 스케줄링 알고리즘

FR8. 엘리베이터 시스템은 승객이 대기층에서 호출한 경우 이 층을 방문할 엘리베이터를 선택하고, 선택된 엘리베이터를 대기층으로 이동시킨다.

FR9. 엘리베이터가 이동 중 일 때, 도착 센서는 엘리베이터가 접근 중인 것을 감지한다. 시스템은 엘리베이터가 정지해야 할지를 확인하고 만약 정지해야 하면 모터에 명령을 내려 정지시킨다. 엘리베이터가 정지되었을 때 시스템은 엘리베이터 문에게 문을 열도록 명령을 내린다. 엘리베이터가 이 층에 멈출 필요가 없으면 지나친다.

FR10. 엘리베이터가 문이 열린 상태로 층에 있을 때, 시스템은 다음 요청을 완수하기 위해서 어느 방향으로 이동을 해야 할지를 결정한다. 시스템은 엘리베이터 문에게 문을 닫는 명령을 내린다. 엘리베이터 문이 닫힌 후에 시스템은 모터에게 위 또는 아래로 이동하라는 명령을 내린다.

품질 요구사항

QR1. (구축용이성) 시스템의 구조가 단순하여 개발하기 용이해야 한다.

QR2. (규모확장성) 개발된 서브시스템들을 활용하여 큰 규모의 엘리베이터 시스템을 쉽게 구축할 수 있어야 한다.

제약사항

CR1. 엘리베이터 시스템의 엘리베이터들은 모두 동일한 층들을 운행한다.

CR2. I/O 하드웨어 장치들 중 목적지 버튼, 방향 버튼, 그리고 도착 센서들은 비동기적으로 동작한다. 즉, 이러한 장치들로부터 입력이 있을 때 인터럽트가 발생한다.[97]

CR3. I/O하드웨어 장치들 중 목적지 램프와 방향 램프는 하드웨어에 의해 스위치가 켜지지만, 소프트웨어에 의하여 스위치가 꺼진다.

CR4. 방향 램프는 소프트웨어에 의하여 켜지고 꺼진다.

---

97. CR2~CR4는 [Gomaa 00]p460 에 하드웨어 특징으로 기술되어 있다.

VP Declarations

vpNumOfElevators: 1, 2

vpNumOfFloors: 3, 4, 5

vpNumOfCPUs: 5 이상의 자연수

vpSchedulingAlgorithm: FCFS, LAWT, LEM

Variability Constraints

없음.

Bindings

$\mathcal{B}$Reqs$_{P1}$=[*vpNumOfElevators*\2, *vpNumOfFloors*\3, *vpSchedulingAlgorithm*\FCFS]

. . .

$\mathcal{B}$Reqs$_{P1}$ 는 제품P1의 요구사항을 도출하기 위한 바인딩이다. Bindings 섹션에는 $\mathcal{B}$Reqs$_{P1}$, ..., $\mathcal{B}$Reqs$_{P18}$의 총 18개의 바인딩이 정의되어야 하나, 제품 개발의 예제로 제품 P1에 대한 바인딩만을 보인다. $\mathcal{B}$Reqs$_{P1}$ 에서 *vpNumOfCPUs*의 대입값은 플랫폼 아키텍처 설계가 진행된 후 결정된다. 플랫폼 개발의 다른 산출물의 경우에도 마찬가지로 제품 P1의 바인딩만을 보인다.

2.1.3 플랫폼 아키텍처 설계

이 예제의 플랫폼 아키텍처의 설계를 위하여 논리뷰, 모듈뷰와 실행요소 배치뷰를 설계한다. 또한 아키텍처 설계과정을 간략히 보이기 위해 아키텍처 설계 결정(D1), 구현 결정(D2) 플랫폼 시험 결정(D3)을 명시적으로 모델링하지 않고 자연어로 설명한다. 플랫폼 아키텍처 설계를 위한 아키텍처 드라이버는 QR1의 구축용이성과 QR2의 규모확장성이다.

플랫폼 요구사항에서 플랫폼 아키텍처 논리뷰로의 맵핑

플랫폼 아키텍처 논리뷰의 설계를 위하여 플랫폼 요구사항의 가변점인

*vpSchedulingAlgorithm*은 아키텍처 논리뷰의 가변점인 *vpScheduler*로 맵핑하고, *vpSchedulingAlgorithm*의 가변값들 FCFS, LAWT, LEM은 각각 *vpScheduler*의 가변값들 FCFSComp 컴포넌트, LAWTComp 컴포넌트, LEMComp 컴포넌트로 맵핑하기로 결정한다.

플랫폼 아키텍처 논리뷰

<u>Platform</u>

/* 그림 2.1-4는 엘리베이터 시스템의 논리뷰 플랫폼 아키텍처이다. ECS는 Scheduler, Floor Subsystem, Elevator Subsystem으로 구성된다. 하나의 FloorSubsystem은 1개 또는 2개의 ElevatorSubsystem과 연결되고, 하나의 ElevatorSubsystem은 3개, 4개 또는 5개의 FloorSubsystem과 연결된다. */

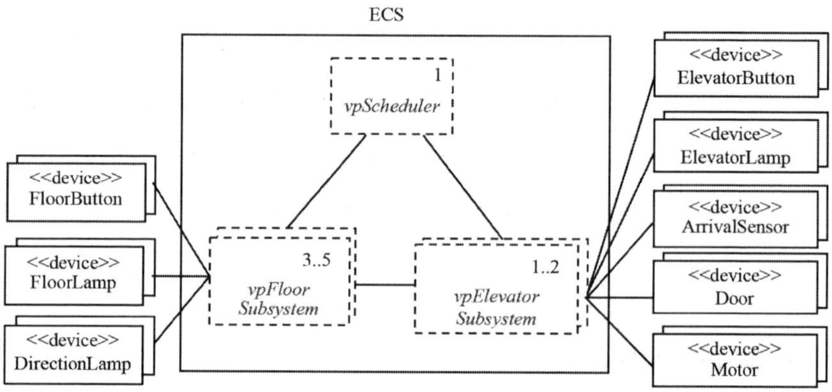

그림 2.1-4. 엘리베이터 시스템의 논리뷰 플랫폼 아키텍처

/* 그림 2.1-5는 FloorSubsystem과 ElevatorSubsystem의 논리뷰 플랫폼 아키텍처이다. 그림 2.1-4와 같이 엘리베이터 시스템의 ECS는 외부의 각 장치를 담당하는 컴포넌트들로 구성된다. */

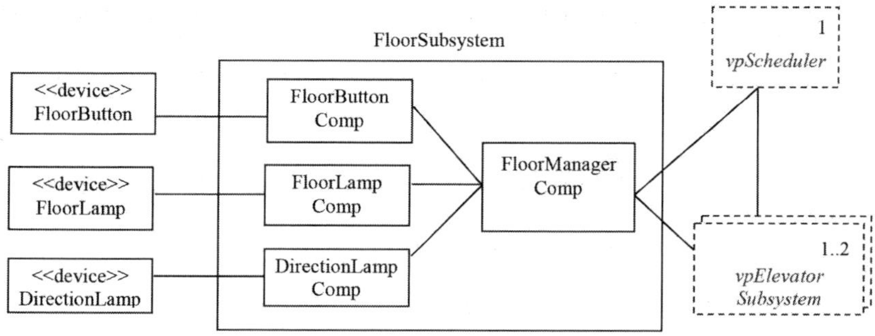

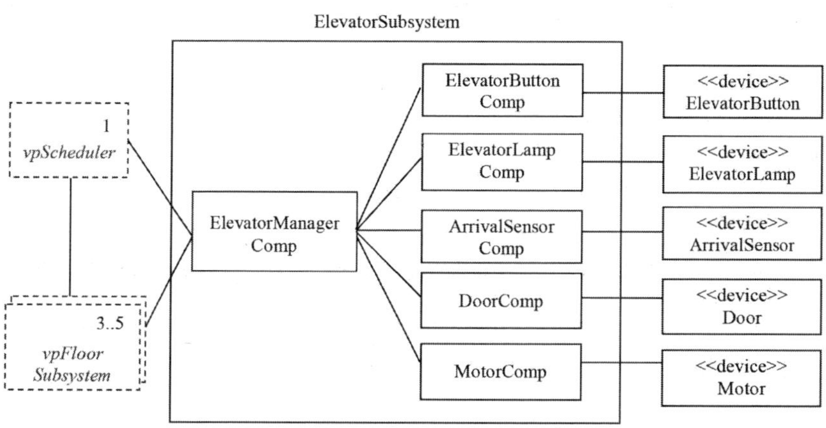

그림 2.1-5. FloorSubsystem과 ElevatorSubsystem의 논리뷰 플랫폼 아키텍처

VP Declarations

vpElevatorSubsystem: {ElevatorSubsystem1},

{ElevatorSubsystem1, ElevatorSubsystem2}

/* *vpElevatorSubsystem*은 1개 혹은 2개의 ElevatorSubsystem들을 가변값으로 갖는 집합가변점이다. */

vpFloorSubsystem: {FloorSubsystem1, FloorSubsystem2, FloorSubsystem3},
{FloorSubsystem1, FloorSubsystem2, FloorSubsystem3, FloorSubsystem4},
{FloorSubsystem1, FloorSubsystem2, FloorSubsystem3, FloorSubsystem4, FloorSubsystem5}

/* *vpFloorSubsystem*은 3개, 4개 혹은 5개의FloorSubsystem들을 가변값으로 갖는 집합가변점이다. */

vpScheduler: FCFSComp, LAWTComp, LEMComp

Variability Constraints

없음.

Bindings

$\mathcal{B}_{LArchP1}$= [*vpElevatorSubsystem*\{ElevatorSubsystem1, ElevatorSubsystem2},
vpFloorSubsystem\{FloorSubsystem1, FloorSubsystem2, FloorSubsystem3},
vpScheduler\FCFSComp]

. . .

$\mathcal{B}_{LArchP1}$ 은 제품 P1의 논리뷰 아키텍처를 도출하기 위한 바인딩이다.

플랫폼 아키텍처 논리뷰에서 플랫폼 아키텍처 모듈뷰로의 맵핑

모듈뷰 아키텍처 설계를 위하여 논리뷰의 서브시스템과 컴포넌트를 그림 2.1-6과 같이 각각 모듈뷰의 서브시스템과 모듈로 맵핑한다. 맵핑은 일대일로 이루어져 새로운 가변점이 발생하지 않았고 논리뷰의 가변점으로 *vpScheduler*는 MScheduler 모듈로 맵핑되었다.

논리뷰 상위 요소	논리뷰 요소	모듈뷰 요소
vpScheduler	*vpScheduler*	MScheduler.c
	FCFSComp	MFCFS.c
	LAWTComp	MLAWT.c
	LEMComp	MLEM.c
vpFloorSubsystem	*vpFloorSubsystem*	
FloorSubsystem	FloorSubsystem	SFloorSubsystem
	FloorManagerComp	MFloorManager.c
	FloorButtonComp	MFloorButton.c
	FloorLamp	MFloorLamp.c
	DirectionLampComp	MDirectionLamp.c
vpElevatorSubsystem	*vpElevatorSubsystem*	
ElevatorSubsystem	ElevatorSubsystem	SElevatorSubsystem
	ElevatorManagerComp	MElevatorManager.c MElevatorActuator.c
	ElevatorLampComp	MElevatorLamp.c
	ElevatorButtonComp	MElevatorButton.c
	ArrivalSensorComp	MArrivalSensor.c
	DoorComp	MDoor.c
	MotorComp	MMortor.c

그림 2.1-6. 논리뷰 요소의 모듈뷰 요소로의 맵핑

플랫폼 모듈뷰 아키텍처

Platform

/* 모듈뷰의 요소들은 대부분 논리뷰 아키텍처들의 일대일 맵핑으로 얻어지기 때문에 생략한다. */

VP Declarations

없음.

Variability Constraints

없음.

Bindings

$\mathcal{B}_{MArchP1} = \mathcal{B}_{LArchP1}$

모듈뷰 아키텍처에서 새로 정의된 가변점은 없고 가변점들은 전부 논리뷰 아키텍처로부터 상속[98]받는다. 제품P1의 모듈뷰 아키텍처를 도출하기 위한 바인딩은 논리뷰 아키텍처를 도출하기 위한 바인딩과 동일하다.

플랫폼 아키텍처 실행요소 배치뷰

Platform

/* 그림 2.1-7은 엘리베이터 시스템의 실행요소 배치뷰 플랫폼 아키텍처이다. 실행 요소 배치뷰에서 각 노드는 하나의 CPU가 설치된 노드를 나타낸다. 실행요소 배치뷰에서는 Scheduler 컴포넌트가 실행되는 노드, 각 ElevatorSubsystem별 노드, 각 FloorSubsystem별 노드를 두어, 총 CPU 개수는 "1+ 엘리베이터 개수 + 층수"가 된다. 진한 선 네모는 실행 프로세스를 나타내며, 진한 점선 네모는 프로세스 가변점을 나타내고, 점선 육각형은 노드 가변점을 나타낸다. 노드 안의 "..."은 실행요소들이 생략되어 있음을 나타낸다. */

98. [강성원 17]에서는 가변점들의 상속을 실현하는 메커니즘으로 "import"를 사용하고 이 키워드를 사용하는 효과를 명확히 정의한다. 이 책에서는 관련 논의를 간단히 하기 위해 "상속"이라는 용어의 사용만으로 객체지향 프로그래밍에서의 상속에 해당되는 메커니즘의 적용이 필요하다는 점을 독자에게 알린다.

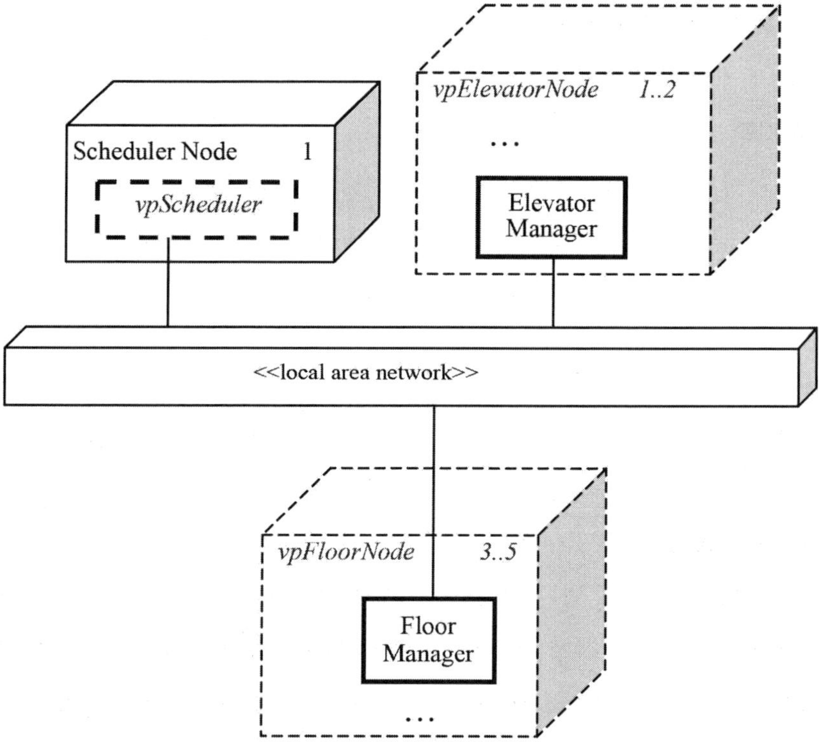

그림 2.1-7. 엘리베이터 시스템의 실행요소 배치뷰 플랫폼 아키텍처

VP Declarations

vpElevatorNode: {ElevatorNode1}, {ElevatorNode1, ElevatorNode2}

/* *vpElevatorNode*는 1개 혹은 2개의 ElevatorNode들을 가변값으로 갖는 집합가변점이다. */

vpFloorNode: {FloorNode1, FloorNode2, FloorNode3},
{FloorNode1, FloorNode2, FloorNode3, FloorNode4},
{FloorNode1, FloorNode2, FloorNode3, FloorNode4, FloorNode5}

/* *vpFloorNode*는 3개, 4개 혹은 5개의 FloorNode들을 가변값으로 갖는 집합가변점이다. */

Variability Constraints

없음.

Bindings

$\mathcal{B}_{DArchP1}$= [*vpElevatorNode*\{ElevatorNode1, ElevatorNode2},
vpFloorNode\{FloorNode1, FloorNode2, FloorNode3},
vpScheduler\FCFS]

. . .

$\mathcal{B}_{DArchP1}$는 제품P1의 배치뷰 아키텍처를 도출하기 위한 바인딩이다.

2.1.4 플랫폼 실현

엘리베이터 시스템이 작은 시스템이기 때문에 플랫폼 실현을 위해 아키텍처 설계 이외의 상세 설계 수행없이 구현에 들어간다. 다음은 제 2.1.3절 엘리베이터 소프트웨어 시스템 아키텍처의 각 컴포넌트에 대한 구현의 일부를 보여준다.

플랫폼 아키텍처에서 플랫폼 구현으로의 맵핑

플랫폼 구현 코드 Imp는 모듈뷰 플랫폼 아키텍처의 프로그램 모듈들에 해당되는 플랫폼 요구사항의 기능을 구현하고 플랫폼 아키텍처 논리뷰를 참조하여 모듈들 간의 연결을 구현한다.

논리뷰 상위 요소	논리뷰 요소	모듈뷰 요소
ECS	ECS	MElevatorSystem.c
vpScheduler	*vpScheduler*	MScheduler.c
	FCFSComp	MFCFS.c
	LAWTComp	MLAWT.c
	LEMComp	MLEM.c
vpFloorSubsystem	*vpFloorSubsystem*	

FloorSubsystem	FloorSubsystem	SFloorSubsystem
	FloorManagerComp	MFloorManager.c
	FloorButtonComp	MFloorButtonSensing.c
	FloorLamp	MFloorLamp.c
	DirectionLampComp	MDirectionLamp.c
vpElevatorSubsystem	*vpElevatorSubsystem*	
ElevatorSubsystem	ElevatorSubsystem	SElevatorSubsystem
	ElevatorManagerComp	MElevatorManager.c MElevatorActuator.c
	ElevatorLampComp	MElevatorLamp.c
	ElevatorButtonComp	MElevatorButtonSensin g.c
	ArrivalSensorComp	MArrivalSensor.c
	DoorComp	MDoor.c
	MotorComp	MMortor.c

플랫폼 구현

Platform

MElevatorSystem.c

```
void main(int arg) {
	while(true){
		int nextFloor = getNextFloor();
		dispatchElevator(nextFloor);
	}
}
```

MElevatorManager.c

```
int destinations[MAX_FLOORS];
void prioritizeDestinations(void);
void init(void)
{
#if vpNumOfCPUs >= 5
	cpuSetup(vpNumOfCPUs);
#endif
}
void callElevator(int floor) //event handler
{
	addDestination(floor);
	prioritizeDestinations();
}
void dispatchElevator(int floor)
{
	if(floor == -1) //no floors to go
		wait(100);
	else
		run(floor);
}
int getNextFloor()
{
	return destinations[0];
}
void stopElevator(void)
{
	runMotor(0);
}
void run(int floor)
{
	runFloor(floor);
	runElevator(floor);
	runMotor(floor);
	runDoor(floor);
}
```

MScheduler.c

```
#define FCFS 1
#define LAWT 2
#define LEM  3
void prioritizeDestinations(void)
{
#if vpScheduler == FCFSComp
      MFCFSComp(destinations);
#elif vpScheduler == LAWTComp
      MLAWTComp(destinations);
#elif vpScheduler == LEMComp
      MLEMComp(destinations);
#endif
}
void MFCFSComp(int[] floors)
{
#if vpNumOfElevators == 1
      FCFSforSingleElevator(floors);
#elif vpNumOfElevators == 2
      FCFSforDualElevator(floors);
#endif
}
void MLAWTComp(int[] floors)
{
#if vpNumOfElevators == 1
      LAWTforSingleElevator(floors);
#elif vpNumOfElevators == 2
      LAWTforDualElevator(floors);
#endif
}
void MLEMComp(int[] floors)
{
#if vpNumOfElevators == 1
      LEMforSingleElevator(floors);
#elif vpNumOfElevators == 2
      LEMforDualElevator(floors);
#endif
}
```

MFloorButtonSensing.c

```
void buttonPushed(int floor)
{
	callElevator(floor);
}
```

MElevatorButtonSensing.c

```
void buttonPushed(int floor)
{
	callElevator(floor);
}
```

MFloorLamp.c

```
void runFloor(int floor)
{
	floorLampOn(floor);
	directionLampOn(floor);
}
```

MElevatorLamp.c

```
void runElevator(int floor)
{
	elevatorLampOn(floor);
}
```

MMotor.c

```
void runMotor(int floor)
{
	motorOn(floor);
}
```

MDoor.c

```
void runDoor(int floor)
{
        openCloseDoor(floor);
}
```

VP Declaration

/* 플랫폼 아키텍처로부터 상속받은 가변점 *vpNumOfElevators*, *vpNumOfCPUs*, *vpScheduler* 등을 사용한다. */

Variability Constraints

없음.

Bindings

$\mathcal{B}_{ImpP1}$= [vpNumOfElevators\2, vpNumOfCPUs\6, vpScheduler\FCFSComp, …]

. . .

$\mathcal{B}_{ImpP1}$는 제품P1의 구현을 도출하기 위한 바인딩이다.

2.1.5 플랫폼 시험

플랫폼 시험에서는 제 II부 3장 3.6절의 공통성 및 재사용 전략([T_PL_T_1 기법])을 채택하고 체계적인 소프트웨어 제품라인 시험 기법([T_PL_T_2기법])의 경로 4를 따라 플랫폼 시험스위트를 도출하기로 한다.

플랫폼 시험 요구사항

Platform

다음은 플랫폼 요구사항들을 검증하기 위한 플랫폼 시험 요구사항들이다.

Id	TR-SD
이름	목적지 선택(Select Destination) 시험 요구사항
관련요구사항[99]	UC-SD
설명	승객이 목적지를 선택하여 목적지 층을 방문하는 기능을 시험한다.
사전 조건	승객이 엘리베이터 안에 있다.
입력	승객이 *vpNumOfFloors*이하의 목적지 버튼을 누른다.
절차	엘리베이터 시스템이 *vpSchedulingAlgorithm*에 따라 요청된 층을 도착하면 정지하고 문을 연다.
기대 출력	엘리베이터가 목적지 층에 도착하여 문을 연다.

Id	TR-RE
이름	엘리베이터 호출(Request Elevator) 시험 요구사항
관련요구사항	UC - RE
설명	승객이 방향 버튼을 눌러 엘리베이터를 호출하는 기능을 시험한다.
사전 조건	승객이 층에서 대기하고 있고 엘리베이터를 사용하고자 한다
입력	승객이 위 방향 버튼을 누른다.
절차	엘리베이터 시스템이 *vpSchedulingAlgorithm*에 따라 *vpNumOfElevators*개의 엘리베이터 중 하나를 승객의 층 방향으로 모터를 동작시킨다.
기대 출력	엘리베이터가 승객이 요청한 층에 도착하여 문을 연다

Id	TR-SE
이름	엘리베이터 정지(Stop Elevator at Floor) 시험 요구사항
관련 요구사항	UC-SE
설명	이동 상태의 엘리베이터의 정지 기능을 시험한다.
사전 조건	엘리베이터가 이동중이다.
입력	승객이 *vpNumOfFloors*이하의 목적지 버튼을 누른다.
절차	해당 없음.
기대 출력	*vpSchedulingAlgorithm*에 따라 정지할 층에 도달하면 정지하고 문을 연다.

99. 시험 요구사항은 관련 요구사항을 검증하기 위한 요구사항이다.

Id	TR-DE
이름	엘리베이터 출발(Dispatch Elevator) 시험 요구사항
관련 요구사항	UC-DE
설명	정지 상태의 엘리베이터의 출발 기능을 시험한다.
사전 조건	엘리베이터는 문이 열린 상태이다.
입력	승객이 *vpNumOfFloors* 이하의 목적지 버튼을 누른다.
절차	해당 없음.
기대 출력	열린 문을 닫고 *vpSchedulingAlgorithm*에 의해 정해진 순서에 따라 위 또는 아래로 이동한다.

Id	TR-SA
이름	스케줄링 알고리즘(SchedulingAlgorithm) 시험 요구사항
관련 요구사항	UC-SD, UC-RE
설명	엘리베이터의 방문 순서를 시험한다.
사전 조건	엘리베이터는 문이 열린 상태이다.
입력	case *vpUserLocation* of InsideElevator: 승객이 *vpNumOfFloors* 이하의 엘리베이터의 다수의 목적지 버튼을 누른다. OutsideElevator: 승객이 *vpNumOfFloors* 이하의 엘리베이터의 다수의 방향 버튼을 누른다. end case
절차	해당 없음.
기대 출력	열린 문을 닫고 *vpSchedulingAlgorithm*에 의해 정해진 순서에 따라 방문 예약된 층들을 순서에 따라 이동한다

<u>VP Declarations</u>

/* 플랫폼 요구사항으로부터 상속받은 가변점 *vpNumOfElevators*, *vpNumOfFloors*, *vpSchedulingAlgorithm*외에 승객의 위치를 나타내는 가변점 *vpUserLocation*을 새로이 정의하여 사용한다. */

vpUserLocation: InsideElevator, OutsideElevator

Variability Constraints

없음.

Bindings

$\mathcal{B}_{\text{TestReqsP1}}$= [*vpNumOfElevators*\2, *vpNumOfFloors*\3, *vpSchedulingAlgorithm*\FCFS, *vpUserLocation*\InsideElevator]

. . .

$\mathcal{B}_{\text{TestReqsP1}}$는 플랫폼 시험 요구사항으로부터 제품P1의 시험 요구사항을 도출하기 위한 바인딩이다. $\text{TestReqs}_{\text{P1}}$의 바인딩의 대입[100]들은 *vpUserLocation*에 대한 대입을 제외하고는 Reqs_{P1}의 바인딩에 모두 포함되어 있다. 따라서 $\text{TestReqs}_{\text{P1}}$을 위한 바인딩은 Reqs_{P1}의 바인딩에 *vpUserLocation*의 대입을 추가하여 얻을 수 있다.

플랫폼 시험 아키텍처

시험을 위한 플랫폼 시험 아키텍처는 그림 2.1-8과 같다. 시험 수행자(test operator)는 엘리베이터 내부/외부 승객들[101]에게 버튼 입력을 요청하고, 그 결과를 받아 엘리베이터 시스템의 기능을 검증한다. 즉, 플랫폼 시험스위트에서 정의되는 시험 항목들의 입력은 시험 수행자가 승객에게 요청하는 입력을 의미하고, 출력은 입력에 대한 엘리베이터 시스템의 반응 결과이다.

100. 제 II부 3장 3.1절 T_PL_3 참조

101. 이에 해당되는 시험 컴포넌트를 말한다.

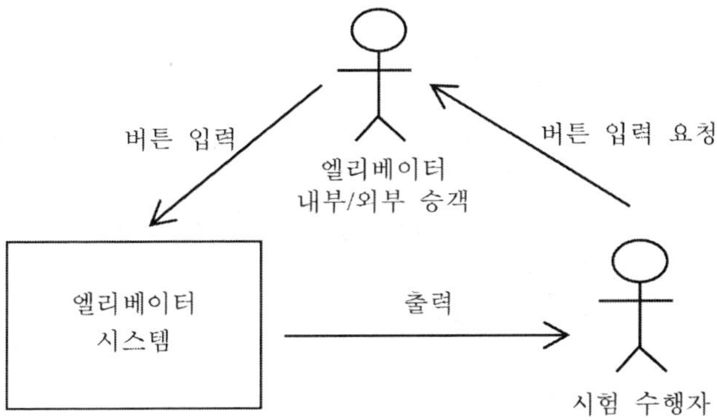

그림 2.1-8. 플래폼 시험 아키텍처

플랫폼 시험스위트

Platform

/* 다음 시험 항목들은 시험 요구사항들을 충족시키기 위한 시험 항목들로 그림 2.1-8의 시험 아키텍처를 기반으로 도출되었다. 다음 플랫폼 시험 항목들 중 TestCase1, TestCase2, TestCase4, TestCase5, TestCase7은 우선순위가 플랫폼 시험스위트 도출 단계에서 확정되었고 TestCase3과 TestCase6은 우선순위가 제품 별로 달라질 수 있어서 확정되지 않았다고 가정한다. */

시험요구사항 TR-SD로부터 도출된 시험 항목들

Id	TestCase1
우선순위	High
설명	목적지 선택 시, 엘리베이터가 목적지에 방문하는지 검사한다.
사전 조건	엘리베이터가 1층에서 문을 열고 정지한 상태이다. 승객이 엘리베이터 안에 있다.
입력	승객이 *vpNumOfFloors* 층 이하의 목적지 버튼을 누른다.
절차	(1) 엘리베이터 문이 닫힌다. (2) 엘리베이터 시스템은 *vpSchedulingAlgorithm*에 따라 목적지 층 방향으로 모터를 동작시키고, 방향에 따라 방향 램프가 켜진다.
기대 출력	엘리베이터가 목적지 층으로 이동해서 문을 연다.

Id	TestCase2
우선순위	High
설명	엘리베이터가 대기중인 층의 목적지 버튼을 누를 때, 엘리베이터가 이동하지 않는지 확인한다.
사전 조건	엘리베이터가 1층에서 문을 연 상태로 정지해 있다. 승객이 엘리베이터 안에 있다.
입력	승객이 1층 목적지 버튼을 누른다.
절차	해당 없음.
기대 출력	엘리베이터의 상태 변화가 없다.

시험요구사항 TR-RE로부터 도출된 시험 항목들

Id	TestCase3
우선순위	*vpTestPriority1*
설명	엘리베이터 호출 시, 엘리베이터가 도착하는지 검사한다.
사전 조건	엘리베이터가 1층에서 정지한 상태로 문이 열려 있다. 승객이 2층 엘리베이터 밖에 있다.
입력	승객이 2층에서 위 방향 버튼을 누른다.
절차	(1) 위 층 방향 램프가 켜진다. (2) 엘리베이터가 정지 중이면 문을 닫는다. (3) 엘리베이터 시스템이 *vpSchedulingAlgorithm*에 따라 *vpNumOfElevators*개의 엘리베이터 중 하나를 승객의 층 방향으로 모터를 동작시킨다.
기대 출력	엘리베이터가 2층에 도착하여 문을 열고 방향 램프를 끈다.

Id	TestCase4
우선순위	High
설명	엘리베이터가 대기중인 층에서 호출 시, 엘리베이터가 이동하지 않는지 검사한다.
사전 조건	엘리베이터가 1층에서 정지 상태로 문이 열려 있다. 승객이 엘리베이터 1층 밖에 있다.
입력	승객이 위 방향 버튼을 누른다.
절차	해당 없음.
기대 출력	엘리베이터의 상태 변화가 없다.

시험요구사항 TR-SE로부터 도출된 시험 항목들

TR-RE 시험 요구사항을 검증하기 위해, TestCase1, TestCase3이 사용된다.

시험요구사항 TR-DE로부터 도출된 시험 항목들

TR-DE 시험 요구사항을 검증하기 위해, TestCase1, TestCase3이 사용된다.

시험요구사항 TR-SA로부터 도출된 시험 항목들

Id	TestCase5
우선순위	Medium
설명	LAWT알고리즘을 시험한다.
사전 조건	*vpNumOfElevators*개의 엘리베이터가 현재 1층에 있다. 승객이 *vpUserLocation*에 있다.
입력	case *vpUserLocation* of InsideElevator: 승객이 3층 버튼과 2층 버튼을 누른다. OutsideElevator: 승객이3층과 2층에서 차례로 호출한다. end case
절차	case *vpUserLocation* of InsideElevator: (1) 승객이 엘리베이터 안에서 3층 버튼을 누른 즉시 2층 버튼을 누른다. OutsideElevator: (1) 승객이3층, 2층에 있는 승객이 차례로 방향 버튼을 누른다. end case case *vpNumOfElevators* of 1: (2) 엘리베이터가 2층에서 멈추고 문을 연다. (3)문을 닫고 3층 방향으로 모터를 동작시킨다. (4) 엘리베이터가 3층에서 멈추고 문을 연다. 2: (2) 1번 엘리베이터가 2층에서 멈추고 문을 연다. (3) 2번 엘리베이터가 3층에서 멈추고 문을 연다. end case
기대 출력	case *vpNumOfElevators* of 1: 엘리베이터가 2층, 3층 순서로 방문한다. 2: 1번 엘리베이터는 2층을 방문하고 2번 엘리베이터는 3층을 방문한다. end case

<table>
<tr><td>Id</td><td>TestCase6</td></tr>
<tr><td>우선순위</td><td>vpTestPriority2</td></tr>
<tr><td>설명</td><td>LEM알고리즘을 시험한다.</td></tr>
<tr><td>사전 조건</td><td>vpNumOfElevators개의 엘리베이터가 현재 1층에 있다.
승객이 vpUserLocation에 있다.</td></tr>
<tr><td>입력</td><td>case vpUserLocation of
InsideElevator: 승객이3층 버튼과 2층 버튼을 누른다.
OutsideElevator: 승객이3층과 2층에서 차례로 엘리베이터를 호출한다.
end case</td></tr>
<tr><td>절차</td><td>case vpUserLocation of
InsideElevator: (1) 승객이엘리베이터 안에서 3층 버튼을 누른 즉시 2층 버튼을 누른다.
OutsideElevator: (1) 승객이3층, 2층에서 차례로 방향 버튼을 누른다.
end case

case vpNumOfElevators of
1: (2) 엘리베이터가 2층에서 멈추고 문을 연다.
(3) 문을 닫고 3층 방향으로 모터를 동작시킨다.
(4) 엘리베이터가 3층에서 멈추고 문을 연다.
2: (2) 1번 엘리베이터가 2층에서 멈추고 문을 연다.
(3) 2번 엘리베이터가 3층에서 멈추고 문을 연다.
end case</td></tr>
<tr><td>기대 출력</td><td>case vpNumOfElevators of
1: 엘리베이터가 2층, 3층 순서로 방문한다.
2: 1번 엘리베이터는 2층을 방문하고 2번 엘리베이터는 3층을 방문한다.
end case</td></tr>
</table>

Id	TestCase7
우선순위	Low
설명	FCFS알고리즘을 시험한다.
사전 조건	*vpNumOfElevators*개의 엘리베이터가 현재 1층에 있다. 승객이 *vpUserLocation*에 있다.
입력	case *vpUserLocation* of InsideElevator: 3층 버튼과 2층 버튼 OutsideElevator: 3층과 2층에서 차례로 호출 end case
절차	case *vpUserLocation* of InsideElevator: (1) 승객이 엘리베이터 안에서 3층 버튼을 누른 즉시 2층 버튼을 누른다. OutsideElevator: (1) 승객이 3층, 2층에 있는 승객이 차례로 방향 버튼을 누른다. end case case *vpNumOfElevators* of 1: (2) 엘리베이터가 3층에서 멈추고 문을 연다. (3) 문을 닫고 2층 방향으로 모터를 동작시킨다. (4) 엘리베이터가 2층에서 멈추고 문을 연다. 2: (2) 1번 엘리베이터가 3층에서 멈추고 문을 연다. (3) 2번 엘리베이터가 2층에서 멈추고 문을 연다. end case
기대 출력	case *vpNumOfElevators* of 1: 엘리베이터가 3층, 2층 순서로 방문한다. 2: 1번 엘리베이터는 3층을 방문하고 2번 엘리베이터는 2층을 방문한다. end case

VP Declaration

/* 플랫폼 시험 요구사항에서 상속받은 가변점들 외에 제품별로 달라질 수 있는 시험 항목 우선순위를 나타내기 위한 가변점 *vpTestPriority1*과 *vpTestPriority2*가 새로이 정의되어 사용된다. */

vpTestPriority1, *vpTestPriority2* : High, Medium, Low

Variability Constraints

없음.

Bindings

$\mathcal{B}_{TestSuiteP1}$= [*vpNumOfElevators*\2, *vpSchedulingAlgorithm*\FCFS,

vpUserLocation\InsideElevator]

. . .

$\mathcal{B}_{TestSuiteP1}$는 플랫폼 시험스위트에서 제품 P1의 시험스위트를 도출하기 위한 바인딩이다. 이 바인딩의 적용 결과로 생성되는 시험스위트는 TestCase3에 나오는 가변점 *vpTestPriority1*과 TestCase6에 나오는 *vpTestPriority2*를 포함한다. 따라서 P1을 위한 최종적으로 제품 시험스위트를 얻기 위해서는 이 가변점들을 해소해 주어야 한다.

플랫폼 시험 항목

플랫폼 시험 항목의 예를 보이기 위하여 플랫폼 시험스위트의 시험 항목들 중 TestCase3를 선택하였다.

Platform

/* 플랫폼 시험스위트의 TestCase3를 가져온다. */

TestCase3

VP Declaration

/* 플랫폼 시험스위트의 가변점 *vpTestPriority1*을 상속받아 사용한다. */

Variability Constraints

없음.

Bindings

. . .

$\mathcal{B}_{TestCase3P1}$= [*vpTestPriority1*\High]

. . .

$\mathcal{B}_{\text{TestCase3P1}}$는 플랫폼 시험 항목 TestCase3로부터 제품 P1의 시험 항목 $\text{TestCase3}_{\text{P1}}$을 도출하기 위한 바인딩이다.

플랫폼 시험 항목의 구현

그림 2.1-9는 TestCase3의 구현이다. 본 예에서는 #if/#elif를 사용하여 가변성을 구현하였으나, 구현 언어에 따라 다르게 표현할 수 있다.[102] 나머지 시험 항목의 구현도 이와 같이 구현할 수 있다.

<u>Platform</u>

testScheduler.c

```
// 플랫폼 시험 항목 TestCase3의 코드
#define FCFS 1
#define LAWT 2
#define LEM  3
int destinations[MAX_FLOORS];
void testSelectDestination()
{
        dispatchElevator(1);
        addDestination(2);
#if vpSchedulingAlgorithm == FCFS
        #if vpNumOfElevators == 1
              FCFSforSingleElevator(destinations);
        #elif vpNumOfElevator == 2
              FCFSforDualElevator(destinations);
        #endif
#endif
#if vpSchedulingAlgorithm == LAWT
        #if vpNumOfElevators == 1
              LAWTforSingleElevator(destinations);
      #elif vpNumOfElevator == 2
              LAWTforDualElevator(destinations);
        #endif
#elif vpSchedulingAlgorithm == LEM
```

102. 구현을 간략히 하기 위하여 *vpTestPriority1*은 구현에 반영하지 않았다.

```
        #if vpNumOfElevators == 1
            LEMforSingleElevator(destinations);
        #elif vpNumOfElevators == 2
            LEMforDualElevator(destinations);
        #endif
#endif
        int nextFloor = getNextFloor();
        dispatchElevator(nextFloor);
        assertEquals(2, curFloor);
}
```

그림 2.1-9. 플랫폼 시험 항목 TestCase3의 코드

VP Declaration

/* 플랫폼 요구사항과 플랫폼 시험 항목에서 정의된 가변점들을 상속받아 사용한다. */

Variability Constraints

없음.

Bindings

$\mathcal{B}_{TestSuiteImpP1}$= [*vpNumOfElevators*\2, *vpSchedulingAlgorithm*\FCFS,
vpUserLocation\InsideElevator, …]

. . .

$\mathcal{B}_{TestSuiteImpP1}$는 플랫폼 시험 항목 TestCase3에서 제품P1의 시험 항목 TestCaseP1을 도출하기 위한 바인딩으로 위 구현에서 드러나지 않은 가변점의 대입은 "…"으로 생략하였다.

2.2 제품 개발

제품 개발은 제 2.1절 그림 2.1-3의 18개의 제품들 중 다음의 P1을 대상으로 한다.

	vpNumOfElevators	*vpNumOfFloors*	*vpScheduler*
P1	2	3	FCFS

그림 2.2-1. 제 2.1절 그림 2.1-3의 제품들 중 P1의 가변값 대입

제품 개발에서는 제품 P1의 주요 산출물인 요구사항, 아키텍처, 구현, 시험 스위트 만을 보인다.

2.2.1 제품 요구공학

제품 요구사항명세는 플랫폼 요구사항명세를 인스턴스화하여 도출한다. 아래 제품 요구사항 명세에서 밑줄친 부분은 가변점의 인스턴스화로 생성된 부분들이다.

제품 P1의 요구사항

기능요구사항

FR1. 엘리베이터 시스템은 ECS와 엘리베이터 시스템 환경과 이 환경을 공유하는 <u>2개</u>의 엘리베이터로 구성된다.

FR2. 엘리베이터 시스템 환경은 엘리베이터 시스템이 동작하는 층수 <u>3층</u>과 엘리베이터승객으로 구성된다.

FR3. ECS는 <u>2개</u>의 엘리베이터를 제어한다. ECS는 여러 층에 있는 승객들의 요청에 따라 엘리베이터를 스케줄 하고 엘리베이터의 동작을 제어한다.

FR4. ECS의 스케줄링 알고리즘은 <u>FCFS</u>를 사용한다.

FR5. 엘리베이터는 버튼들의 집합, 버튼들에 상응하는 목적지 램프들의 집합, 엘리베이터 모터, 엘리베이터 문, 위 층 버튼과 아래층 버튼 및 방향 램프들로 구성된다.

FR6. 엘리베이터 시스템을 구성하는 CPU는 <u>1+2+3 = 6개</u>[103]이다.

103. Scheduler를 실행하는 CPU가 1개, 두 개의 Elevator Subsystem을 실행하는 CPU가 2개, 세 개의 Floor Subsystem을 실행하는 CPU가 3개로 총 6개이다.

FR7. 엘리베이터 시스템은 승객이 엘리베이터 안에서 목적지 층을 선택한 경우, 엘리베이터는 승객이 요청한 층에 도달한다.

FR8. 엘리베이터 시스템은 승객이 대기층에서 호출한 경우 이 층을 방문할 엘리베이터를 선택하고, 선택된 엘리베이터를 대기층으로 이동시킨다.

FR9. 엘리베이터가 이동 중 일 때, 도착 센서는 엘리베이터가 접근 중인 것을 감지한다. 시스템은 엘리베이터가 정지해야 할지를 확인하고 만약 정지해야 하면 모터에 명령을 내려 정지시킨다. 엘리베이터가 정지되었을 때 시스템은 엘리베이터 문에게 문을 열도록 명령을 내린다. 엘리베이터가 이 층에 멈출 필요가 없으면 지나친다.

FR10. 엘리베이터가 문이 열린 상태로 층에 있을 때, 시스템은 다음 요청을 완수하기 위해서 어느 방향으로 이동을 해야 할지를 결정한다. 시스템은 엘리베이터 문에게 문을 닫는 명령을 내린다. 엘리베이터 문이 닫힌 후에 시스템은 모터에게 위 또는 아래로 이동하라는 명령을 내린다.

품질 요구사항

QR1. (구축용이성) 시스템의 구조가 단순하여 개발하기 용이해야 한다.

QR2. (규모확장성) 개발된 서브시스템들을 활용하여 큰 규모의 엘리베이터 시스템을 쉽게 구축할 수 있어야 한다.

제약사항

CR1. 엘리베이터 시스템의 엘리베이터들은 모두 동일한 층들을 운행한다.

CR2. I/O 하드웨어 장치들 중 엘리베이터 버튼, 층 버튼, 그리고 도착 센서들은 비동기적으로 동작한다. 즉, 이러한 장치들로부터 입력이 있을 때 인터럽트가 발생한다.

CR3. I/O 하드웨어 장치들 중 목적지 램프와 방향 램프는 하드웨어에 의해 스위치가 켜지지만, 소프트웨어에 의하여 스위치가 꺼진다.

CR4. 방향 램프는 소프트웨어에 의하여 켜지고 꺼진다.

2.2.2 제품 아키텍처 설계

제품 아키텍처는 플랫폼 아키텍처를 인스턴스화하여 도출한다.

제품 아키텍처 논리뷰

그림 2.2-2는 제품P1의 논리뷰 아키텍처이다. 이 뷰는 제 2.1.3절의 플랫폼 아키텍처 논리뷰의 *vpScheduler*에 FCFSComp 컴포넌트를, *vpFloorSubsystem*에 {Floor1Subsystem, Floor2Subsystem, Floor3Subsystem}을, *vpElevatorSubsystem*에 {Elevator1Subsystem, Elevator2Subsystem}을 대입하여 도출한 제품 아키텍처 논리뷰이다.

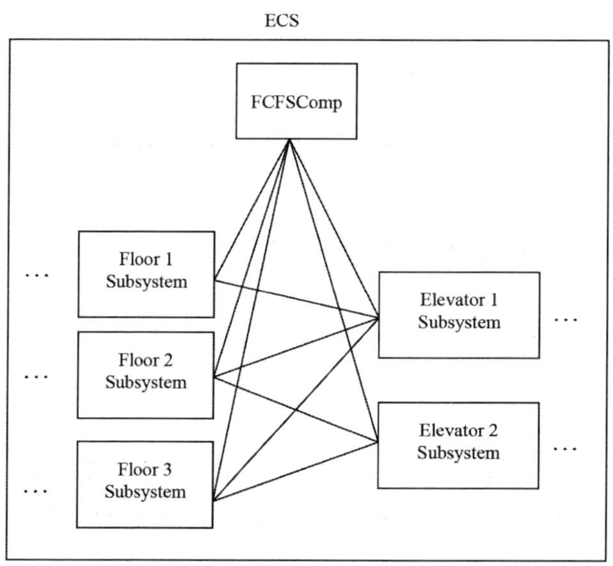

그림 2.2-2. 제품 P1의 소프트웨어 논리뷰 아키텍처

제품 아키텍처 모듈뷰

그림 2.2-3의 맵핑은 제 2.1.3절 그림 2.1-6 맵핑의 P1에 대한 인스턴스화이다. 제품 P1의 모듈뷰는 그림 2.2-3의 맵핑에 의하여 얻어지며 여기서 모듈뷰는 따로 보이지 않는다.

논리뷰 상위 요소	논리뷰 요소	모듈뷰 요소
ECS	ECS	MElevatorSystem.c
	FCFSComp	MFCFS.c
FloorSubsystem	FloorSubsystem	SFloorSubsystem.c
	FloorManagerComp	MFloorManager.c
	FloorButtonComp	MFloorButton.c
	FloorLampComp	MFloorLamp.c
	DirectionLampComp	MDirectionLamp.c
ElevatorSubsystem	ElevatorSubsystem	SElevatorSubsystem.c
	ElevatorManagerComp	MElevatorManager.c
	ElevatorLampComp	MElevatorLamp.c
	ArrivalSensorComp	MArrivalSensor.c
	DoorComp	MDoor.c
	MotorComp	MMortor.c

그림 2.2-3. 논리뷰 요소의 모듈뷰 요소로의 맵핑

제품 아키텍처 실행요소 배치뷰

제품 P1의 실행요소 배치뷰는 그림 2.2-4와 같다.

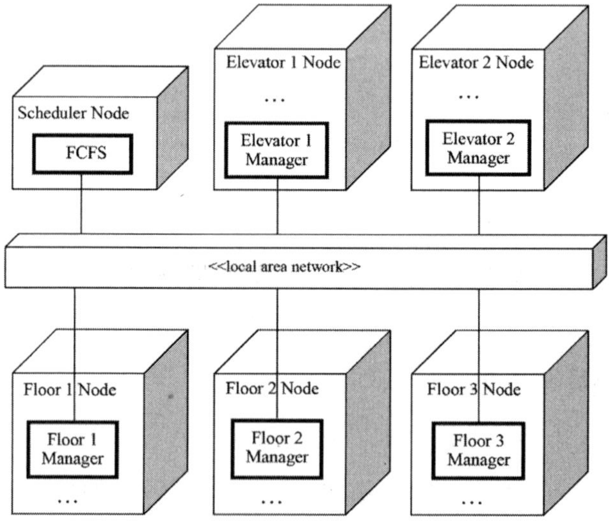

그림 2.2-4. 제품 P1의 실행요소 배치뷰 아키텍처

"…"은 표시된 프로세스 이외에도 다른 실행요소들이 있음을 나타낸다.

2.2.3 제품 실현

제품 구현은 플랫폼 구현을 인스턴스화하여 도출한다. $\mathcal{B}Imp_{P1}$을 적용하기 위하여, 코드

```
#define vpNumOfElevators 2
#define vpNumOfFloors 3
#define vpNumOfCPUs 6
#define vpSchedulingAlgorithm FCFS
```

를 플랫폼 구현 코드 Imp앞에 삽입하여 전처리하면 제품 P1을 위한 코드 Imp_{P1}이 다음과 같이 생성된다.

제품 구현

MElevatorSystem.c

```
void main(int arg) {
        while(true){
            int nextFloor = getNextFloor();
            dispatchElevator(nextFloor);
        }
}
```

MElevatorManager.c

```
int destinations[MAX_FLOORS];
void prioritizeDestinations(void);
void init(void)
{
        cpuSetup(6);
}
void callElevator(int floor) //event handler
{
        addDestination(floor);
```

```
        prioritizeDestinations();
}
void dispatchElevator(int floor)
{
        if(floor == -1) //no floors to go
            wait(100);
        else
            run(floor);
}
int getNextFloor()
{
        return destinations[0];
}
void stopElevator(void)
{
        runMotor(0);
}
void run(int floor)
{
        runFloor(floor);
        runElevator(floor);
        runMotor(floor);
        runDoor(floor);
}
```

MScheduler.c

```
void prioritizeDestinations(void)
{
        MFCFSComp(destinations);
}

void MFCFSComp(int[] floors)
{
        FCFSforDualElevator(floors);
}

void MLAWTComp(int[] floors)
{
        LAWTforDualElevator(floors);
```

```
}

void MLEMComp(int[] floors)
{
        LEMforDualElevator(floors);
}
```

MFloorButtonSensing.c

```
void buttonPushed(int floor)
{
        callElevator(floor);
}
```

MElevatorSensing.c

```
void buttonPushed(int floor)
{
        callElevator(floor);
}
```

MFloorLamp.c

```
void runFloor(int floor)
{
        floorLampOn(floor);
        directionLampOn(floor);
}
```

MElevatorLamp.c

```
void runElevator(int floor)
{
        elevatorLampOn(floor);
}
```

MMotor.c

```
void runMotor(int floor)
{
    motorOn(floor);
}
```

MDoor.c

```
void runDoor(int floor)
{
    openCloseDoor(floor);
}
```

2.2.4 제품 시험

제품 시험을 위하여 플랫폼 시험 아키텍처와 동일한 제품 시험 아키텍처를 사용하기로 하여 제품 시험스위트는 제 2.1.5절의 플랫폼 시험스위트를 인스턴스화하여 도출할 수 있다. 제 2.1.5절 그림 2.1-9의 TestCase3 플랫폼 시험 항목 코드에 $TestCase3_{P1}$의 바인딩 $\mathcal{B}TestCase3_{P1}$을 적용하기 위하여, 코드

```
#define vpNumOfElevators 2
#define vpScheduler FCFS
```

를 TestCase3 코드 앞에 삽입하여 전처리하면 제품 P1을 위한 시험 항목 $TestCase3_{P1}$의 코드가 다음과 같이 생성된다.[104]

104. TestCase3가 *vpTestPriority1*을 구현하지 않았기 때문에 $TestCase3_{P1}$의 우선순위 High는 구현에 반영되지 않았다.

```
//제품 P1을 위한 시험 항목 TestCase3P1의 코드
int destinations[MAX_FLOORS];
void testSelectDestination()
{
	dispatchElevator(1);
	addDestination(2);
	FCFSforDualElevator(destinations);

	int nextFloor = getNextFloor();
	dispatchElevator(nextFloor);
	assertEquals(2, curFloor);
}
```

참고문헌

[강성원 21] 강성원, *소프트웨어 아키텍처로의 초대(제4판)*, 홍릉과학출판사, 2021.

[강성원 18] 강성원, 한영훈, 안휘, 이지현, 소프트웨어 제품라인 개발을 위한 합성적 피처 모델 CFM과 CFM을 지원하는 가변성 모델링 도구 SVM, 한국정보과학회지 제36권 제4호, pp. 9-17, 2018년 4월.

[강성원 17] 강성원, *체계적인 소프트웨어 제품라인 개발*, 홍릉과학출판사, 2017.

[Alsawalqah 14] Hamad Alsawalqah, Sungwon Kang, Jihyun Lee, "A Method to Optimize the Scope of a Software Product Platform Based on End-User Features," *Journal of Systems and Software*, 98, pp.79-106, Dec. 2014.

[Apel 13] S. Apel, D. Batory, C. Kastner, and G. Saake, *Feature-Oriented Software Product Lines*, Springer, 2013.

[Arboleda 12] Arboleda, H., Royer, J. C., *Model-Driven and Software Product Line Engineering*, Wiley, 2012.

[Atkinson 01] C. Atkinson, Component-based Product Line Engineering with UML, Addison-Wesley, Reading, Massachusetts, 2001.

[Bayer 99] J. Bayer, O. Flege, P. Knauber, R. Laqua, D. Muthig, K. Schmid, T. Widen, J.-M. DeBaud, "PuLSE: A Methodology to Develop Software Product Lines," Symposium on Software Reusability, 1999.

[Bayer 00] J. Bayer, C. Gacek, D. Muthig and T. Widen, "PuLSE-I: Deriving Instances from a Product Line Infrastructure," Proceedings of 7th IEEE International Conference and Workshop, pp. 237-245, 2000.

[Benavides 10] Benavides, David, Sergio Segura, and Antonio Ruiz-Cortés, "Automated analysis of feature models 20 years later: A literature review," Information systems 35(6), pp.615-636, 2010.

[Bosch 00] Jan Bosch, *Design and Use of Software Architectures: Adopting and Evolving a Product Line Approach*, Addison-Wesley, 2000.

[Clements 02] P. M. Clements and L. M. Northrop, *Software Product Lines: Practices and Patterns*, Addison Wesley, 2002.

[Clements 05] Paul C. Clements, John D. McGregor, Sholom G. Cohen, "The Structured Intuitive Model for Product Line Economics(SIMPLE)," Technical Report CMU/SEI-2005-TR-003 ESC-TR-2005-003, Feb. 2005.

[Collofello 88] Collofello, J. S., "The Software Technical Review Process," Curriculum Module SEI-CM-3-1.5, Software Engineering Institute, Carnegie Mellon University, Pittsburgh, Pa., June 1988.

[Cohen 06] M. B. Cohen, M. B. Dwyer, and J. Shi, "Coverage and Adequacy in Software Product Line Testing," Proceedings of the Role of Software Architecture for Testing and Analysis(ROSATEA), pp.53-63, 2006.

[Cohen 08] M. B. Cohen, M. B. Dwyer, and J. Shi, "Constructing Interaction Test Suites for Highly-Configurable Systems in the Presence of Constraints: A Greedy Approach," *IEEE Transactions on Software Engineering*, vol.34, no.5, pp.633-650, 2008.

[DeBaud 99] J. DeBaud and K. Schmid, "A Systematic Approach to Derive the Scope of Software Product Lines," Proceedings of International Conference on Software Engineering, pp. 34-43, 1999.

[Gomaa 00] H. Gomaa, *Designing Concurrent, Distributed, and Real-time Applications with UML*, Addison-Wesley, 2000.

[Gomaa 04] H. Gomaa, *Designing software product lines with UML from use cases to pattern-based software architectures*, Addison-Wesley, 2004.

[Gregg 14] Susan P. Gregg, Rick Scharadin, Eric LeGore, Paul Clements, "Lessons from AEGIS: Organizational and Governance Aspects of a Major Product Line in a Multi-Program Environment," Proceedings of the 18th International Software Product Line Conference(SPLC), Vol. 1, pp. 264-273, 2014.

[Gregg 15] Susan P. Gregg, Paul Clements, "The More You Do, the More You Save: The Superlinear Cost Avoidance Effect of Systems Product

Line Engineering," Proceedings of the 19th International Software Product Line Conference(SPLC), pp. 303-310, 2015.

[Hervieu 11] A. Hervieu, B. Baudry, and A. Gotlieb, "PACOGEN: Automatic Generation of Pairwise Test Configurations from Feature Models," Proceedings of IEEE International Symposium on Software Reliability Engineering, pp.120-129, 2011.

[ISO12207 08] ISO/IEC/IEEE 12207:2008, Systems and software engineering – Software life cycle processes, 2008.

[ISO26550 15] ISO/IEC 26550:2015, Software and systems engineering – Reference model for product line engineering and management, 2015.

[ISO26551 16] ISO/IEC 26551:2016, Software and systems engineering - Tools and methods for product line requirements engineering, 2106.

[John 06] I. John, J. Knodel, T. Lehner, and D. Muthig, "A Practical Guide to Product Line Scoping," Proceedings of 10th International Software Product Line Conference(SPLC), 2006.

[Jung 20] Pilsu Jung, Sungwon Kang, Jihyun Lee, "Efficient Regression Testing of Software Product Lines by Reducing Redundant Test Executions," *Applied Sciences*, 10(23), 8684, December 4, 2020.

[Käkölä 06] Käkölä, T., Dueñas, J. C. (Eds.), *Software Product Lines: Research Issues in Engineering and Management*, Springer, 2006.

[Kang 90] Kang, K., Cohen, S., Hess, J., Novak, W., Peterson, A., "Feature-Oriented Domain Analysis(FODA) Feasibility Study," Tech Report CMU/SEI-90-TR-21, SEI, Carnegie Mellon Univ., Pittsburgh, 1990.

[Kang 02] Kang, K., Lee, J., Kim, Donohoe, P., "Feature-Oriented Product Line Engineering," *IEEE Software*, July/August 2002.

[Kang 15] Sungwon Kang, Haeun Baek, Jungmin Kim, Jihyun Lee, "Systematic Software Product Line Test Case Derivation for Test Data Reuse," The 7th IEEE International Workshop on Software Test Automation(STA), Taichung, Taiwan, July 2015.

[Kim 11] C. H. Kim, D. Batory, and S. Khurshid. "Reducing Combinatorics in Testing Product Lines," Proceedings of International Conference on Aspect Oriented Software Development(AOSD), pp.57-68, 2011.

[KIPA 09] KIPA, *소프트웨어 재사용을 기반으로 한 소프트웨어 제품라인 공*

학기술 적용 가이드, 한국소프트웨어진흥원, 2009년 7월.

[Knodel 04] J. Knodel, J.F. Girard, "Request-driven Reverse Engineering for Product Lines," IESE-Report No. 092.04/E, Faunhofer IESE, 2004.

[Knodel 06] J. Knodel and D. Muthig, "Analyzing the Product Line Adequacy of Existing Components," R2PL 2005—Proceedings of the First International Workshop on Reengineering Towards Product Lines, 2006.

[Krueger 01] Charles W. Krueger, "Easing the Transition to Software Mass Customization," PFE 2001.

[Krueger 09] C.W. Krueger and K. Jackson, "Requirements engineering for systems and software product lines," Product line management white paper, December 2009.
http://www.biglever.com/extras/RE_for_SPL.pdf

[Lamancha 10] B. P. Lamancha and M. P. Usaola, "Testing Product Generation in Software Product Lines using Pairwise for Features Coverage," Proceedings of International Conference on Testing Software and Systems, pp.111-125, 2010.

[Lee 20] Jihyun Lee, Sungwon Kang, PilsuJung, "Test coverage criteria for software product line testing: Systematic literature review," *Journal of Information and Software Technology*, Vol. 122, June 2020.

[Linden 07] van der Linden, F., Schmid, K., Rommes, E., *Software Product Lines in Action: The Best Industrial Practice in Product Line Engineering*, Springer-Verlag, 2007.

[Mohan 07] K. Mohan and B. Ramesh, "Tracing Variations in Software Product Families," *Communications of the ACM*, vol.50, no.12, Dec. 2007.

[Ommering 00] R. van Ommering, F. van der Linden, J. Kramer, and J. Magee, "The Koala Component Model for Consumer Electronics Software," *IEEE Computer*, 33(3), pp. 78-85, March 2000.

[Ommering 02] R. van Ommering, "Building Product Populations with Software Components," Proceedings of the 24th International Conference on Software Engineering(ICSE), Orlando, Florida, ACM Press, pp. 255-265, 2002.

[Parnas 76] Parnas, D. L., "On the Design and Development of Program

Families," *IEEE Transactions on Software Engineering*, Vol. 2, No. 1, pp. 1–9, 1976.

[Perrouin 10] G. Perrouin, S. Sen, J. Klein, B. Baudry, and Y. le Traon, "Automated and Scalable T-wise Test Case Generation Strategies for Software Product Lines," Proceedings of International Conference on Software Testing, Verification, and Validation(ICST), pp.459–468, 2010.

[Perrouin 11] G. Perrouin, S. Oster, S., S. Sen, J. Klein, B. Baudry, and Y. le Traon, "Pairwise Testing for Software Product Lines-A Comparison of Two Approaches," *Software Quality Journal*, DOI 10.1007/s11219-011-9160-9, 2011.

[Phillips 95] Dwayne Phillips, "People, Process, and Product," *American Programmer*, January 1995.
http://dwaynephillips.net/CutterPapers/ppp/ppp.htm

[Pohl 02] Klaus Pohl and Andreas Reuys, "Considering Variabilities during Component Selection in Product Family Development," F. van der Linden(Ed.): PFE-4 2001, LNCS 2290, pp. 22–37, 2002.

[Pohl 05] Pohl, K., Böckle, G., van der Linden, F., *Software Product Line Engineering: Foundations, Principles, and Techniques*, Springer, 2005.

[Reuys 05] Andreas Reuys, Erik Kamsties, Klaus Pohl, and Sacha Reis, "Model-Based System Testing of Software Product Families," CAiSE 2005, LNCS 3520, pp. 519 – 534, 2005.

[Reuys 06] A. Reuys, S. Reis, E. Kamsties, and K. Pohl, "The ScenTED Method for Testing of Software Product Lines," *Software Product Lines: Research Issues in Engineering and Management*, (Eds.) T. Käkölä et al., Chap. 13, Springer, 2006.

[Schmid 00a] K. Schmid and M. Scank, "PuLSE-BEAT-A Decision Support Tool for Scoping Product Lines," Proceedings of the 3rd International Workshop on Software Architectures for Product Families, LNCS 1951, pp. 65-75, 2000.

[Schmid 00b] K. Schmid, "Scoping software product lines - an analysis of an emerging technology," In P. Donohoe, editor, *Software Product Lines: Experience and Research Directions*, Proceedings of the First Software Product Line Conference(SPLC), pp. 513-532, Kluwer

Academic Publishers, 2000.

[Schmid 02] K. Schmid, "The Product Line Mapping Approach to Defining and Structuring Product Portfolios," Proceedings of the IEEE Joint International Conference on Requirements Engineering(RE), 2002.

[Schmid 06] Klaus Schmid and Tanya Widen, "Customizing the PuLSE™ Product Line Approach to the Demands of an Organization," Software Process Technology, LNCSL 1780, pp. 221-238, Oct., 2006.

[SEI 06] CMMI Product Development Team, SCAMPI v1.2, Standard CMMI Appraisal Method for Process Improvement, Version 1.2: Method Definition Document(CMU/SEI-2006-HB-002), Software Engineering Institute, Carnegie Mellon University, July 2006.
http://www.sei.cmu.edu/publications/documents/06.reports/06hb002.html

[SEI Framework 5.0 12] Linda M. Northrop and Paul C. Clements, *A Framework for Software Product Line Practice 5.0*, 2012.

[Simpson 06] T. W. Simpson, Z. Siddique, and J. (Roger) Jiao, *Product Platform and Product Family Design: Methods and Applications*, Springer, 2006.

[Stricker 10] V. Stricker, A. Metzger, and K. Pohl, "Avoiding Redundant Testing in Application Engineering," LNCS 6287, *Software Product Lines: Going Beyond*, pp.226-240, 2010.

[Svahnberg 05] M. Svahnberg, J. van Gurp, J. Bosch, "A Taxonomy of Variability Realization Technique," *Software: Practice & Experience*, Volume 35, Issue 8, pp. 705-754, 2005.

[Yu 06] L. Yu, S. Ramaswamy, "A Configuration Management Model for Software Product Line," *INFOCOMP Journal of Computer Science*, vol. 5, no. 4, pp.1-8, 2006.

용어정의

가변 부분(variable part)
공유 부분과 제품 특정부분

가변점(variation point)[105]
제품군의 제품들이 공유한 부분을 추상화한 요소로, 제품 개발 시 구체화하여 제품의 부분이 됨

가변값(variant)[106]
제품 수준의 산출물 요소로, 가변점이 가질 수 있는 가능한 (구체적인) 값

가변성(variability)
제품군의 제품들 일부 혹은 전부가 서로 다르게 가지는 부분

가변성 모델(variability model)
각 가변점과 그 가변점의 가변값들 간의 관계가 가변성 유형의 하나로 정의된 가변점들의 집합으로 이들 가변점들과 가변값들에 대한 가변성 제약사항들을 포함할 수 있음

가변성 유형(variability type)
가변점과 그 가변값들 간의 관계의 종류

---

105. [Pohl 05]은 가변점을 다음과 같이 정의한다. "A representation of a variability subject within in domain artifacts enriched by contextual information, where variability subject is a variable item of the real world or a variable property of such an item."- [Pohl 05]p.459
106. [Pohl 05]은 가변값을 다음과 같이 정의한다. "A representation of a variability object within domain artifacts, where variability is a particular instance of a variability subject."- [Pohl 05]p.459

가변성 제약사항(variability constraint)
가변점들과 가변값들 간의 의존관계

계획되지 않은 새로운 제품(unplanned new product)
제품라인의 플랫폼으로부터 생성될 수 있는 계획되지 않은 제품

계획되지 않은 제품(unplanned product)
제품군 안에 들어 있지 않은 제품

계획된 제품(planned product)
개발대상 제품군에 속한 제품

공유 부분(shared part)
제품군의 두 개 이상의 제품들이 공유하는 부분으로 공통 부분이 아닌 부분

공통 부분(common part)
제품군의 모든 제품들이 공유하는 부분

공통성(commonality)
제품군의 제품들 일부 혹은 전부가 공통적으로 가지는 부분

바인딩(binding)
일련의 가변점에 대해 대입할 가변값들을 결정한 결과

바인딩의 형성(formation of binding)
플랫폼 산출물로부터 제품 산출물을 얻기 위해 해당 제품 산출물을 위한 바인딩을 정의하는 행위

바인딩의 적용(application of binding)
플랫폼 산출물로부터 제품 산출물을 얻기 위해 해당 제품 산출물을 위해 정의된 바인딩을 적용하는 행위

산출물(artifact)[107]
제품 또는 제품군 개발 과정에 개발자에 의하여 만들어지는 모든 결과물 또

---

107. [Pohl 05]은 이를 개발 산출물(development artifact)이라고 부르고 다음과 같이 정의한다. "The output of a sub-process of domain or application engineering. Development artifacts encompass requirements, architecture, components, and tests." - [Pohl 05]p.458

는 중간결과물

유사한(similar)
충분히 많은 공통 부분을 가진

인스턴스화(instantiation)
플랫폼 개발 산출물이 갖는 가변성의 추상화된 요소들을 구체적 요소로 대체하여 제품 개발 산출물을 얻는 과정

자산(asset)
산출물과 동일함

제품(product)
개발 대상 소프트웨어

제품 개발(혹은 어플리케이션 공학)(product development)
플랫폼 산출물을 이용하여 제품을 개발하는 활동

제품 특정 부분(product-specific part)
제품군의 단 하나의 제품에만 있는 부분

제품 산출물(product artifact)
제품 개발 공정의 산출물

제품군(群)(product family)[108]
유사한 제품들의 집합

제품군 요구사항(product family requirements)
공통성/가변성 분석이 수행되기 이전의 제품군의 제품들에 대한 요구사항

제품라인(product line)
플랫폼을 갖춘 제품군을 말하며, 정의된 개발대상 제품군과 그 제품군 개발을 위한 각종 플랫폼 산출물들과 이들로부터 그 제품군의 제품들을 생산하는 수단으로 구성된 제품생산체계

108. [Clements 02]는 제품군과 제품라인의 개념을 동일시하고 '제품라인'을 제 1.1절 서두에서 와 같이 정의한다.

컴포넌트(component)
시스템을 구성하는 주된 구성요소로, 주어진 연산, 처리, 혹은 기능을 수행하는 모듈

플랫폼(platform)[109]
개별 제품들을 인스턴스로 도출할 수 있도록 제품군의 공통적인 부분과 제품군의 가변점으로 구성된 산출물

플랫폼 개발(혹은 도메인 공학)(platform development)
제품군의 공통성/가변성을 파악하여 공통 산출물을 만드는 활동

플랫폼 산출물(platform artifact)
플랫폼 개발 공정의 산출물 중 핵심 자산인 산출물

플랫폼 요구사항(platform requirements)
제품군 요구사항에 대하여 공통성/가변성 분석을 수행한 결과로 플랫폼 요구사항과 제품군의 제품들에 대한 요구사항들로 구성

핵심 자산(core asset)
제품군의 두 개 이상의 제품을 만드는데 사용되는 제품라인의 소프트웨어 산출물[110]

---

109. [Clements 02]은 플랫폼을 다음과 같이 정의한다. "A core software asset base that is reused across systems in the product line."- [Clements 02]p.522. [Pohl 05]은 이를 소프트웨어 플랫폼(software platform)이라고 부르고 이를 다음과 같이 정의하였다. "A set of software subsystems and interfaces that form a common structure from which a set of derivative products can be efficiently developed and produced." - [Pohl 05]p.459

110. [Clements 02]에 따르면 "아키텍처, 소프트웨어 컴포넌트, 공정 모델, 계획, 문서 혹은 시스템을 만드는 과정에 나온 어떤 다른 유용한 결과물"도 핵심 자산이 될 수 있다."

우리말의 영어 번역

가변값	variant
가변성	variability
가변점	variation point
개선	improvement
검증	verification
결	texture
계층적	hierarchical
고객맞춤	customization
공정	process
공통성	commonality
관심사항	concern
계획된 제품	planned product
계획되지 않은 제품	unplanned product
구조	structure
기반구조	infrastructure
논리뷰	logical view
다계층	hierarchical
단계군	phase
대입	substitution
도입	adoption
도출	derivation
매개변수	parameter

바인딩의 적용	application of binding
바인딩의 형성	formation of binding
방법	method
범위결정	scoping
분석	analysis
산출물	artifact
상세화	refinement
생명주기	life cycle
수정	customization
실무	practice
실행 시	execution time, runtime
실현	realization
역공학	reverse engineering
요구 인터페이스	required interface
요구사항	requirement, requirements
요구사항명세	requirements specification
유사한	similar
이해관계자	stakeholder
인도	delivery
인스턴스화	instantiation
재사용	reuse
재사용성	reusability
저장소	repository
절차	procedure
제공 인터페이스	provided interface
제약사항	constraint, constraints
제품	product
제품군	product family
제품라인 기술력 진단	product line technical probe
직교적	orthogonal
진단	probe
진화	evolution

착수	launching
추적성	traceability
평가	evaluation
표기법	notation
핵심 자산	core asset
호출로부터의 반환	return

영어의 우리말 번역

adoption	도입
analysis	분석
application of binding	바인딩의 적용
artifact	산출물
commonality	공통성
concern	관심사항
constraint, constraints	제약사항
core asset	핵심 자산
customization	고객맞춤, 수정
delivery	인도
derivation	도출
evaluation	평가
evolution	진화
formation of binding	바인딩의 형성
hierarchical	계층적, 다계층
improvement	개선
infrastructure	기반구조
instantiation	인스턴스화
launching	착수
life cycle	생명주기
logical view	논리뷰
method	방법
notation	표기법
orthogonal	직교적

parameter	매개변수
phase	단계군
planned product	계획된 제품
practice	실무
probe	진단
procedure	절차
process	공정
product	제품
product family	제품군
product line technical probe	제품라인 기술력 진단
provided interface	제공 인터페이스
realization	실현
refinement	상세화
repository	저장소
required interface	요구 인터페이스
requirement, requirements	요구사항
requirements specification	요구사항명세
return	호출로부터의 반환
reusability	재사용성
reuse	재사용
reverse engineering	역공학
scoping	범위결정
similar	유사한
stakeholder	이해관계자
structure	구조
substitution	대입
texture	결
traceability	추적성
unplanned product	계획되지 않은 제품
variability	가변성
variant	가변값
variation point	가변점
verification	검증

찾아보기

저자소개

강성원

서울대학교 사회과학대학을 졸업하고 미국 아이오와대학교에서 전산학 석사, 박사학위를 받았으며, 현재 KAIST 전산학부 교수이다. 저서로는 "소프트웨어 아키텍처로의 초대(홍릉과학출판사, 2012)"와 "체계적인 소프트웨어 제품라인 개발(홍릉과학출판사, 2017)"이 있다.

이지현

전북대학교에서 정보통신공학 학사를 하고, 동 대학교에서 전산학 석사, 박사학위를 받았으며, 현재 전북대학교 소프트웨어공학과 교수이다. 현재 ISO/IEC JTC1/SC7에서 PC멤버로 활동하며 제품라인 국제표준화에 참여하고 있다.

한영훈

동국대학교에서 학사, 고려대학교에서 석사학위를 받았으며, 현재 KAIST 전산학부 박사과정에 재학 중이다. 관심 연구분야는 소프트웨어 제품라인, 소프트웨어 아키텍처 및 가상 물리 시스템이다.

정필수

충남대학교 컴퓨터공학과를 졸업하고 KAIST 전산학부에서 석사, 박사학위를 받았으며, 현재 삼성전자 책임연구원으로 재직중이다. 관심 연구분야는 소프트웨어 제품라인 공학, 소프트웨어 시험, 데이터 기반 소프트웨어 공학이다.